KB121739

교사로
산다는
것

옮긴이 김명신

이화여자대학교 영어교육학과를 졸업하고 중·고등학교 영어교사로 재직했으며 현재는 전문 번역가로 활동하고 있다. 옮긴 책으로는 조너선 코졸의 《젊은 교사에게 보내는 편지》《야만적 불평등》이 있으며, 그 밖의 책으로는 《마틴 루터 킹》《벤저민 프랭클린》《조앤 롤링》《한편이라고 말해》《헬렌 켈러 자서전》《미스터 핍》《더버빌 가의 테스》《폭풍의 언덕》 등이 있다.

교사로 산다는 것

1판 1쇄 발행 2011년 8월 29일 | 1판 7쇄 발행 2017년 1월 17일

지은이 조너선 코졸 | **옮긴이** 김명신
펴낸이 조재은 | **펴낸곳** (주)양철북출판사 | **등록** 제25100-2002-380호(2001년 11월 21일)
편집 박선주 김명옥 이정우 | **디자인** 육수정 | **마케팅** 조희정 | **관리** 정영주
주소 서울시 마포구 양화로8길 17-9 | **전화** 02-335-6407 | **팩스** 0505-335-6408
ISBN 978-89-6372-052-4 03370

카페 cafe.daum.net/tindrum 블로그 blog.naver.com/tin_drum
페이스북 facebook.com/tindrum2001

※ 값은 뒤표지에 있습니다.
※ 잘못된 책은 바꾸어 드립니다.

교사로 산다는 것

학교교육의 진실과
불복종 교육

On Being a Teacher

조너선 코졸 지음 | 이계삼 해제 | 김명신 옮김

양철북

(주입식 교육 외에) 인간을 교육하는 다른 방법은 없을지도 모른다. 그러나 나는 그렇게 믿지 않는다. 더 좋은 다른 방법을 찾기 전까지는 적어도 사태를 정확한 용어로 올바로 알려주는 게 그나마 도움이 될 것이다. 가능하면 학생들 모두에게 이 말을 해줘야 한다.

"너희는 세상의 지식과 견해를 주입받고 있는 중이야. 우리는 아직 이런 주입식 교육 체제보다 더 진보된 교육 체제를 만들어내지 못했단다. 미안하지만 현재로선 이것이 우리가 할 수 있는 최선의 방법이야. 너희가 여기서 배우고 있는 것은 이 나라의 특정 문화가 선택한 내용과 동시대의 편견이 뒤섞인 혼합물이지. 역사를 조금만 돌아봐도 이런 것들이 얼마나 일시적이고 덧없는지 알 수 있다. 전임자들이 만들어놓은 사유 체제에 자신을 순응시켰던 자들이 너희를 가르치고 있어. 그런 식으로 체제는 영속된단다. 너희들 중 강인하고 독창적인 아이들은 여기를 떠나 스스로를 교육할 방법을, 다시 말해 자신만의 견해와 판단력을 길러낼 방법을 찾으라고 권하고 싶구나. 여기 남은 아이들은 이 특정한 사회의 협소하고 특정한 필요에 맞춰, 마치 거푸집으로 형상을 뜨듯 판에 박은 듯 주조되고 만들어지고 있음을 명심해야 한다."

도리스 레싱
《황금 노트북》[1]

:: 차 례

30년 전 미국에서 첫 출간된 이 책은,* 학교에 몸담고 있는 교사
와 학생 앞에 놓인 도덕적 딜레마가 주는 깊은 좌절감에서 탄생했
다. 때문에 어쩔 수 없이 어떤 언급은 좀 시효가 지난 것 같고, 어떤
대목에는 타당성도 정당성도 찾을 수 없었던 미국에 대한 상당한
분노가 스며 있을 것이다.

이 글은 워터게이트 스캔들로 미국 정부의 위신이 실추되는 바
람에 존 F. 케네디와 마틴 루터 킹 시기에 얻어낸 인권 및 사회정의
가 무효화되고 우익 정치 풍조가 온 나라를 휩쓸기 시작하던 시기
에 집필되었다. 이런 풍조에 대한 쓰라린 분노와 냉소가 이 글의 사
회적 맥락이라는 점을 감안하면 이 책의 신랄한 어조를 일정 부분
이해할 수 있을 것이다.

이 책에서 특히 아쉬운 점은, 공립학교의 주입식 교육을 전 세계
어느 나라에서나 흔히 나타나는 경향으로 보지 않고 마치 한 나라

---

* 이 책의 초판은 1981년에 나왔고, 이 '개정판 서문'은 2009년도 판에 실렸다.

에 국한된 고유한 특징인 양 다뤘다는 것이다. 물론 소련에서는 미국보다 훨씬 더 많은 주입식 교육이 자행되었겠지만, 이 책에는 그런 사실은 전혀 나오지 않는다. 이런 측면을 좀 더 분명히 쓰지 못한 것이 유감스럽다.

또 한 가지는, 유독 공립학교만이 아이들에게 주입교육을 시키고 사립학교는 본질적으로 반대의견에 관대하고 우호적이라는 근거 없는 전제가 깔려 있는 것처럼 보인다는 것이다. 그러나 현재 미국에서 이는 결코 사실이 아니다. 기독교 근본주의 단체, 다양한 인종 집단, 보수적인 기업과 밀접한 관련이 있는 사립학교들은 그들의 이데올로기를 지키기 위해 훨씬 더 노골적으로 당파적이고 편협하고, 때론 굉장히 폭압적으로 반대의견을 억압하고 배척한다.

어른의 믿음을 아이들에게 주입하는 현상이 미국이나 공립학교에서만 나타나는 것은 아니다. 이는 모든 사회의 특징이고, 앞 세대의 무미건조한 가치관과 심한 편견을 넘어서지 못하도록 아이들의 잠재력을 제한하는 일은 어디서나 일어난다. 그러므로 나는 전 세계 모든 나라에서 이 책이 출간되는 것을 환영한다.

냉전 시대가 막을 내리고 동유럽의 스탈린 체제가 붕괴됨에 따라, 우리는 백 년 만에 처음으로 무장한 진영들끼리 서로 대립하지 않는 세계를 전망하게 되었다. 이런 세상에서는 과거 어느 때보다 청소년들에게 주입교육을 할 필요가 덜할 거라고 기대하기 쉽다.

그러나 불행하게도 옹졸한 편견과 당파적 불신은 지난 몇 년 사이에 더 격렬해졌다. 독일에서 유고슬라비아까지 아프리카에서 러시아까지, 여러 민족들은 광란의 내전을 통해 적의와 두려움을 마구 분출했고, 캐나다와 미국은 인종별 언어별 대립으로 위협받고 있다. 이런 상황에서 청소년들에게 편협한 충성심을 요구하고 비판자에 대한 적대감을 주입시키려는 욕구가 과거 어느 때보다 더 커진 것 같다. 반대의견에 대한 압박이 훨씬 더 심해진 만큼, 교사가 윤리적 비판과 반대를 어떻게 하면 좋을지 그 전략을 개발할 필요는 훨씬 더 커졌고 절실해졌다.

이 책은 교사가 교실에서 활용할 수 있는 전략을 담고 있다. 여기 제시된 구체적인 사례들은 앞서 말했듯이 다소 낡은 것이 되어버렸을지도 모르지만 기본적인 전략 자체는 그렇지 않다. 이 전략들은 모든 국가, 모든 세대의 교사들이 교육의 독립을 위해 실천할 때 든든한 버팀목이 되어줄 것이다. 우리 아이들을 낡은 사고에서 해방시키기 위해 전 세계적인 투쟁에 참여하고, 학생들의 정신과 마음에 거짓 우상에 대한 불경의 씨앗을 심어주려 노력하는 진지하고 양심적인 교육자들에게 이 책이 도움이 되기를 바란다.

매사추세츠 주 보스턴에서

조너선 코졸

이 책은 12년 내내 아이들을 학교에 맡겨야 하는 학부모와 교사를 위해 집필되었다. 책을 집필하는 동안, 나는 최근에 사우스보스턴 고등학교에서 봄학기를 가르쳤던 경험, 업워드 바운드의 대학 준비반에서 가르쳤던 경험은 물론, 시내의 작은 독립학교 교장으로 재직했던 경험, 교실에서 4, 5학년 아이들의 담임교사로서 근무했던 6년간의 경험 등 숱한 교직 경험을 거듭 떠올리며 활용했다.

그러나 이 책에서 가장 깊이 있고 가장 울림이 큰 부분은 평교사들과 밤늦도록 숱하게 나눴던 대화에 힘입은 바가 크다. 회의나 강의, 학회가 끝나면 교사 너덧 명이 모여 앉아 같이 이야기 좀 하다 가라며 청한다. 이들은 와인 병을 따거나 6개 들이 맥주 한 팩을 뜯고는 평생의 직업에서 겪은 딜레마와 두려움, 투쟁 등에 관해 조곤조곤 이야기하기 시작한다.

이 교사들 중 많은 수는 학교 교칙이나 불문율의 말도 안 되는 관행들, 고리타분한 교과서가 주는 거짓말, 지루함, 수치심 등에 맞서 몇십 년 동안 싸워왔다. 술자리가 밤늦게 이어지는 동안, 나는 학교

체제에 만연한 소심증과 위협에도 아랑곳없이 오랫동안 불굴의 의지로 버텨온 비범한 사람들의 말에 귀를 기울인다. 이들은 책 출간의 기쁨도 없고 일시적이나마 신문이나 미디어의 관심을 받는 뿌듯함도 없이, 하루하루 한해한해 열심히 일하면서 훌륭한 교사들이 갖는 유일한 보람(어려운 일을 잘 해냈을 때의 만족감과 용기 있게 지켜낸 개인의 기본적인 존엄) 외에는 화려한 성공이나 보상을 바라지 않는 교사들이다.

이들은 적은 보수를 받으면서도 깨어 있는 시간의 대부분을 일상적인 학교 업무에 쏟아부을 정도로 열심히 일한다. 사실 이 교사들이 다른 분야에서 지적인 직업을 구한다면 시간과 노력을 덜 들이고도 더 많은 돈을 벌 수 있을 것이다. 그러나 이들은 꿋꿋이 자신의 자리를 지킨다.

이 책은 교실에서 아이들을 가르치는 교사들에게 도움을 줄 요량으로 집필되었으나, 상당 부분은 교사들 자신이 내놓은 의견과 전략과 이상을 집대성한 것이다. 장기적인 관점에서 교사야말로 현재 공립학교에 다니는 아이들에게 능력을 키워주고 가치관을 형성하는 데 가족이나 TV보다 훨씬 더 많은 영향을 미친다. 그러므로 교사의 임무는 중요하다. 업무가 너무 힘들고 대가가 너무 혹독하여 아무리 갈팡실팡하더라도.

01

우리는 왜 여기에 있는가?
우리가 해야 할 일은 무엇인가?

공교육이 원래 어떤 것이어야 하는지 잘 알고 있는 양심적인 교사들은 어렵고도 고통스런 선택에 직면해 있다. 자기 자신과 다른 사람에게 정직하다면, 오늘날 공립학교는 시대에 뒤지고 비인간적인 기관이라는 것을 인정할 수밖에 없는 것이다. 그것은 학생에게만 해당되는 것이 아니라 교사에게도 해당된다. 학생은 이 허위의 온상에서 12년만 지내면 되지만, 교사는 대개 여기서 종신형을 치러야 하지 않는가.

따라서 수많은 교사들은 마치 지식의 게릴라와 같은 마음가짐으로 학생들의 정신을 일깨우고 호기심을 자극하고 마음을 열기 위해 분투하는 동시에, 학교에 남아 있기 위해서도 그 못지않은 노력을 기울여야 한다. 우리는 아이들에게 본질적이고 도전적이고 어쩌면 전복적일 수도 있는 질문을 하기 위해 결연한 의지를 갖고 일한다. 그러나 동시에 가족의 의식주, 건강, 은행융자 같은 것도 늘 염두에 두어야 한다.

어떻게 시작해야 할까? 타성과 무기력에서 벗어나 싸움을 시작하려면 무엇부터 해야 할까? 가장 먼저 해야 할 일은, 사회 체제의 보수적 가치를 수호하는 거룩한 성지에 다름 아닌 공립학교에서 거짓 성스러움을 벗겨내 아이들에게 진실을 보여주는 것이다. 교실에서 이런 주제를 공개적으로 이야기하는 방법에는 여러 가지가 있다. 우선, 공립학교의 진짜 목적을 거침없이 말했던 호러스 맨*과 같은 여러 유명 인사들의 말을 인용할 수 있다. 고학년에게는 현대 사상가들의 책을 소개해줄 수 있는데, 예를 들어 공립학교의 개념을 명확히 설명한 에드거 프리덴버그, 줄스 헨리, 폴 굿맨** 같은 사람들의 책을 읽어주면 된다. 아니면 도리스 레싱***이 권고한 대로 (나 역시 이 방법이 가장 효과적이라고 생각하는데) 학생들과 마주

---

* Horace Mann(1796~1859) 미국의 교육행정가.

** Edgar Friedenberg(1921~2000), Jules Henry(1904~1969), Paul Goodman (1911~1972) 이 세 사람은 모두 미국의 교육비평가들이다.

*** Doris Lessing(1919~)《풀잎은 노래한다》《황금노트북》《다섯》 등을 쓴 영국 작가로 2007년에 노벨문학상을 수상했다.

앉아서 아예 터놓고 이야기하는 방법도 있다.

자신의 의견을 직접 밝히기가 망설여지는 사람이나, 현대나 과거의 권위 있는 문헌에서 도발적인 글을 인용하는 걸 더 좋아하는 사람은, 누구나 존경하는 위인들이 한 말 가운데 진실을 드러내는 흥미로운 글을 찾을 수 있으니 안심해도 좋다.

애리조나 주 교육위원회는 아주 사무적으로 분명하게 못 박아 말한다. "새로운 사회 질서를 만들어내는 것은 학교에서 할 일이 아니다." 학교의 의무는 "아이들에게 애국심을 고취하고…… 이상적인 가족상을 심어주며…… 전통적 가치를 이해시키는 것이다." 또 다른 성명서에서 애리조나 주 교육위원회는 이렇게 말한다. "우리는 미국 어린이들을 이런 식으로 교육할 것을 제안하는 바이다." 교사의 의무는 아이들에게 "국력의 본질"을 이해시키는 것이라고 이 문건은 설명한다. 학생들이 국력을 저해할 수 있는 세력을 인지하여 그런 위협을 알아채고 저지할 수 있게끔 하는 것이 교육의 목표가 되어야 한다는 것이다. 애리조나 주 교육위원회가 교사들에게 지시하는 교육의 최종 목표는 아이들로 하여금 이 나라가 "문명 세계의 선망의 대상이자…… 인류의 마지막 희망임을 깨닫게 하는 것이다."[2]

학교에 다니는 목적이 풍부한 감수성과 동정심을 갖춘 인정 많고 다정한 사람이 되거나 이 나라에 살지 않는 사람들에게도 관심을 갖는 법을 배우는 것이라는 위장조차 하지 않는다. 그럼에도 불구하고 대다수의 교사들과 학생들은 이 나라 밖에 있는 사람들에게도 같은 인간으로서의 도리를 지켜야 한다고 생각한다.

그러나 이런 우리의 생각에도 아랑곳없이 학교는 세계 인류를 향한 인류애를 말살하고, 백인이냐 미국인이냐 북유럽인이냐 서유럽인이냐, 아니면 반대로 흑인이냐 동양인이냐 제3세계 사람이냐 사회주의자냐에 따라, 다시 말해 '우리와 같느냐 같지 않느냐'에 따라 목숨의 가치가 다르다는 잘못된 생각을 심어준다. 우리는 학교가 이런 목적으로 존재한다는 것을 학생들에게 분명히 알려줘야 한다.

이 주제에 관한 설득력 있는 글을 학생들에게 읽히기만 할 뿐 밀라이 학살* 같은 비극적인 사건이 이런 교육의 직접적 결과라는 것을 따로 가르치지 않는 교사들은 다음 사실을 직시해야 한다. 학생들 대다수는 그때껏 평생 영향을 받아온 부모의 편견과 TV의 유화책, 그리고 학생들이 우리와 눈을 맞추고 우리의 말에 귀 기울이는 단 몇 개월을 제외하고 무려 11년간 지속될 공립학교의 주입교육 등으로 형성된 불온하지 않은 사유 모체母體에 이 글들을 흡수시켜

---

* My lai 베트남 전쟁 중인 1968년 3월 16일 남베트남 밀라이에서 미군에 의해 347~504명으로 추정되는 비무장 민간인이 아이와 여성 가릴 것 없이 처참하게 살해된 광란적 학살 사건.

버릴 것이다. 따라서 학생들이 문제의 핵심을 분명히 인식하고 기억하기를 바란다면, 다른 사람의 말을 인용하는 것에 덧붙여 우리의 신념도 밝혀야 한다.

앞에서 나는 매사추세츠 주의 교육행정가 호러스 맨을 언급했다. 읽는 사람들에게 전혀 적개심을 불러일으키지 않는 그의 글 중에는 정치적 주입교육에 관한 것보다는 공립학교의 또 다른 주요 기능, 즉 사회 계층 형성에 관한 것이 더 많지만, 그의 견해는 유감스럽게도 애리조나 주 교육위원회의 견해와 일치한다. 1844년 매사추세츠 교육위원회에 제출한 보고서에서, 그는 이렇게 말한다. "결론적으로, 여러분도 알다시피, 많은 재산을 소유한 사람들에게는 재산과 인격, 인권을 보호하기 위해 언제나 철통 감시를 해주는 유능한 경찰이 있지 않습니까? 공립학교 체제는 그 자체로 일반인들에게 이런 혜택을 줄 수 있습니다. 모든 아이들이 이런 교육과 훈련을 받을 수 있도록 충분한 세금을 내는 것이야말로 가장 적은 비용으로 자신을 보호하고 위험에 대비할 수 있는 방법이 아닐까요?" [3]

아이들에게 호러스 맨의 말을 분명히 이해시키는 일을 왜 교사들이 주저하는지 모르겠다. 미국 곳곳의 학교마다 그의 이름을 현관에 새겨놓고 있으니만큼, 그의 말은 그 의도를 명확히 밝혀주려는 교사들에게 귀중한 보석과도 같다. 물론 6~7학년 정도만 그의 이 교묘한 말을 제대로 이해할 수 있겠지만. 분별 있는 사람이라면 아이들에게 이 비범한 말의 핵심을 제대로 이해시키려는 노력을 조작이라고 비난하지는 못할 것이다.

교사들이 인용해도 좋을, 아니 전혀 비난받을 염려 없이 인용할 수 있는 또 다른 사람으로 미국의 28대 대통령 월슨이 있다. "우리는 국민들 중 한 계층은 자유로운 교육을 받고, 훨씬 더 많은 다른 계층은 부득이 자유로운 교육의 권리를 포기하고 특수 기술을 요하는 일을 하기를 바랍니다."[4] 미국의 전통 존중을 강조하는 교육위원회가 어떻게 우드로 월슨의 말을 인용하는 교사를 비난할 수 있겠는가?

되도록 호러스 맨 같은 교육자들과 저명한 미국 대통령의 말을 인용해야 하는 이유는 악의적이고 파괴적인 비난에서 우리 자신을 지키기 위해서다. 업턴 싱클레어*와 잭 런던** 같은 작가들도 우드로 월슨과 비슷한 말을 한 적이 있다. 이 나라를 통치한 사람들도 같은 말을 했다면 굳이 분노하는 급진적인 작가를 찾아 나서야 할 이유는 없다. 막강한 적에 맞서 싸우는 사람들은 권력을 쥔 사람들의 무기고로 잠입하여 거기서 그들의 무기를 빼내오는 것이 가장

---

* Upton Sinclair(1878~1968) 20세기 초 시카고 식육 공장의 비위생적이고 비인간적인 환경에서 일하는 노동자의 비극적 상황을 적나라하게 묘사하여 큰 반향을 일으킨 작품 《정글》을 쓴 미국의 소설가.
** Jack London(1876~1916) 《비포 아담》《강철 군화》《야성이 부르는 소리》《밑바닥 사람들》 등을 쓴 미국의 소설가이자 사회평론가.

효과적임을 알고 있다. 그러니까 우드로 윌슨 같은 사람의 말은 그런 무기에 해당한다.

호러스 맨이 주장하듯 학교의 설립 취지가 부자들이 자신을 보호하기 위해 가장 경비가 덜 드는 수단이기 때문이라면 학생들은 게임이 끝났을 때가 아닌 게임을 시작할 때, 즉 아직 학교에 다니고 있을 때 이 사실을 알아야 한다. 존 케네스 갤브레이스*는 일단 집단사기극이 벌어지고 있다는 것을 알게 된 사람들에게는 더 이상 속임수가 먹히지 않는다고 말했다.

우리 공립학교의 허위 목적이 아닌 실제 목적을 드러내기 위한 또 다른 방법은 공립학교를 '소비자 기만' 행위에 비유하는 것이다. 학교는 이 나라에서 네 번째로 규모가 큰 사업이다. 이 나라의 최대 사업은 '전쟁 대비'를 위한 국방이다. 식품산업이나 유통업 등 이 나라의 수많은 다른 사업과 마찬가지로, 학교 또한 소비자를 기만하는 짓(과장 광고, 위험한 내용물, 함량 미달 등)을 저지른다.

학교는 갖가지 감미롭고 낙관적인 것들로 자신을 광고한다. 진실, 아름다움, 위대한 영혼의 추구, 고뇌의 시대에 인간적인 가치 모색…… 그리고 오래되었으나 여전히 유효한 기초 학습 능력의 전수. 학교의 라벨에는 이런 것들이 명시되어 있다. 하지만 포장을 뜯

---

*John Kenneth Galbraith(1908~2006) 미국의 진보적 경제학자.

으면 우리는 공교육 체제의 창시자들이 말했던 바로 그 계급화와 정치적 교화를 발견하게 된다. 이처럼 공립학교의 행태를 소비자 기만에 비유하면 문제가 아주 명확하게 보인다. 학교가 선전하는 것과 실제로 파는 것은 같지 않다. 만일 어느 기업체가 이런 행위를 한 것이 발각되면 호된 비판과 함께 판매금지처분을 받을 것이다.

이것은 과격한 구호를 외치거나 어떤 사악한 세력의 음모 탓으로 돌리지 않고도 학생들에게 익히 전달할 수 있는 사실이다. 부자, 교육위원회 위원, 교과서 출판업자, 그리고 미 국무부와 중앙정보국CIA은 굳이 몬태나 산맥의 비밀 벙커에 모여 아이들의 사고력을 죽이고 애국심을 고취할 방법을 따로 궁리할 필요가 없다. 그 이유는 자못 분명하다. 왜냐하면 그들은 공립학교에서 오랫동안 공부한 결과 이기적인 가치관을 공유하고 있기 때문이다. 합법적 기만으로 사람들을 속일 일이 아주 많다는 공통점을 가진 자들은 몬태나의 은거지에서 따로 만날 필요가 없는 것이다.

학생들 앞에서 이 문제를 이야기할 때 '지배층의 억압' 같은 불길한 말은 피하는 것이 좋다. 왜냐하면 그런 말을 입에 담는 즉시 우리는 비난자들에 의해 '괜히 문제나 일으키는 말썽꾼'으로 극히 단순하게 분류되고 말기 때문이다. 사실 솔직히 말해서 우리는 말썽꾼일지도 모른다. 그러나 단순하거나 독단적인 말썽꾼은 아니다. 우리는 훨씬 더 유능한 존재들이다.

공립학교에서 학생들과 이야기할 기회가 생길 때마다 공립학교 체제가 갖은 수를 써가며 우리에게 망각시키려 하는 사실, 즉 공립학교가 언제나 있었던 것은 아니라는 사실을 강조했다. 공립학교는 그리스 로마 신화의 신들이 만든 것이 아니다. 공립학교는 총명할 때도 있고 그렇지 못할 때도 있는 보통사람들에 의해 만들어졌고, 바로 그렇기 때문에 공립학교를 재건하거나 재창안하거나 해체하거나 대체하는 일은 신이 아니라 보통사람들에 의해서만 가능하다.

교사는 이런 쉬운 말로 학생들에게 이야기해줄 수 있을 것이다. "맨 처음에 사람들이 생각해내고 만들어낸 것이니까 고쳐서 쓸 만한 것으로 만들든 해체하든 내다 버리든, 사람들만이 할 수 있단다. 저절로 바뀌거나 변화하지 않거든. 그러니까 학교를 그냥 내버려둘지, 조금이나마 변화시킬지, 아니면 완전히 바꿀지는 너와 내가 결정하는 거야."

교사가 학생들에게 이렇게 말하면 아마 어떤 사람들은 이런 말을 듣기에는 아직 아이들이 너무 어리다고 항의할지 모른다. 그러나 난 그렇게 생각하지 않는다. 어째서 우리는 사태의 본질을 이야기하기 위해 우리 학생들이 우리처럼 기진맥진해지고 정신이 피폐해지고 나약해질 때까지 기다려야 하는가?

일단 학생들이 학교의 진면목을 정확히 볼 수 있게 되면 더 이상 학교의 교묘한 조작은 먹히지 않을 것이다. '일이 년 더' 기다렸다가 이런 문제를 이야기하라고 말하는 사람들은 우리가 영원히 기다리기를 바라는 자들이다.

어째서 우리는 우리가 삶의 신조로 삼고 싶어하는 진실이 근간을 이루어야 할 분야에서 진실을 알리는 일을 더 지체해야 하는가? 거짓은 우리 자신은 물론 우리 학생들도 타락시킬 것이다.

0 2

내가 한 말은 나의 의견이 아니다?

1 인 칭 으 로   말 하 기

학생과 교사가 학교를 개혁할 수 있다는 내적 자신감을 갖추려면, 일인칭 복수형('우리')으로 자신의 의견을 거리낌 없이 말할 수 있는 권리와 자유를 당당히 누려야 한다. 하지만 먼저 '나'를 당당히 말할 수 없다면 '우리'를 말하기도 쉽지 않을 것이다.

전통적으로 학교에서는 일인칭으로 말하지 못하도록 훈련시켜 왔다. 초등학교 교실에서 어떤 아이가 교사에게 버릇없이 말하면 교사는 보통 "너 나한테 그런 식으로 말해도 되니?" 하고 일인칭 단수형 '나'를 써서 말하지 않고, 한 걸음 뒤로 물러서서 자신이 다른 사람이라도 된 양 "선생님한테 그런 식으로 말하는 게 올바른 자세일까?"라고 묻는다.

그 순간 마치 교사가 아이들과 함께 있는 게 아니라 분필과 칠판지우개가 있는 골방에 갇혀 있는 것 같다. 대학과 고등학교에서도 우리는 그와 동일한 지시를 받는다. 예컨대 '기말 보고서를 쓸 때 지켜야 할 사항'은 학생들에게 자신의 견해라는 인상을 주지 않는 게 좋다고 충고한다. "보고서는 도입부, 본문, 결론의 순으로 명료하게 기술하되, 결론 부분에서만 일인칭 단수형 '나'를 사용할 수 있다······"

이것은 마치 학생들이 엄연히 방에 있는데도 방에 있다는 사실을 인정하지 못하게 하는 것과 같다. 기계 나라에서 소외된 인간에게나 어울릴 법한 언어다. 자신이 일인칭으로 존재하고 살아가고 숨 쉬고 있다는 것을 모르는 자는, 거대 산업체의 복잡한 기계 버튼을 누르거나 외국의 민간인 마을에 폭탄과 네이팜탄 발사 버튼을 누르는 완벽한 일꾼이 될 것이다.

삼인칭으로 숨 쉬고 살아가는 조종사와 대통령은 무기 하나로 대륙 전체를 초토화하거나 도시 하나를 없애거나 주민을 몰살하는 섬뜩한 짓을 저지른 후에도 자러 가서는 여덟 시간 내내 한 번도 깨지 않고 단잠을 잘 수 있을 것이다. 그러므로 그것은 단지 어리석은 국어 수업 시간에만 그치는 일이 아니다. 훨씬 더 끔찍하고 무시무시한 일이다.

공립학교 교사가 이런 그릇된 통념에 맞설 수 있는 방법 가운데 하나는, 시대를 막론하고 이런 금기를 뛰어넘어 자신의 언어로 자신의 견해를 당당히 밝혔던 인물들이 한 말이나 쓴 글 등을 직접 학생들에게 보여주는 것이다. "대부분의 책에는 일인칭 대명사 '나'가 생략되지만 이 책에서는 '나'가 생략되지 않는다." 헨리 데이비드 소로*의《월든》첫 장에 나오는 말이다. 그는 이것이 자신의 책과 다른 사람이 쓴 책의 "주요 차이점"이라고 말한다.

　　일인칭 대명사로 표현하려는 의지를 보여주는 수십 가지 예를 앞으로 이 책에서 볼 수 있을 것이다. 그러나 그저 유명한 사람의 말을 인용하는 것보다 더 효과적인 것은, 수많은 교사들이 아무 전략 없이 아주 자연스럽게 실천하는 것이라고 나는 생각한다. 그것은 우리가 학생들과 함께 생활하거나 대화를 나눌 때처럼, 말 그대로 어떤 상황에서도 위장하지 않은 '일인칭'의 열린 자세로 말하고 존재하는 법을 가르치는 것이다. 그저 우리 자신의 의견을 말하는 데서 그치지 않고, 우리 자신의 더 깊은 측면(복잡한 성격, 입장, 망설임, 꿈과 열정은 물론 우리의 약점까지)을 볼 수 있도록 아이들의 눈앞에서 일인칭으로 존재해야 한다는 것이다.

＊Henry David Thoreau(1817~1862) 물질만능주의, 노예제, 멕시코 전쟁에 반대하여 홀로 월든 숲에서 오두막을 짓고 살면서 자발적 고립을 통해 인간의 모든 그릇된 생활양식과 사고방식에 투쟁을 선언했던 미국의 시인이자 철학자이자 수필가.

수많은 노련한 교사들은 이 말에 내포된 권고가 언뜻 보이는 것보다 훨씬 더 전복적임을 감지할 것이다. 교육자로서 전문직업인다운 행동이라는 오랜 관념뿐 아니라 수많은 교사들이 자신의 직업에 대해 갖고 있는 해묵은 생각 또한 뒤집어엎는 권고이기 때문이다. 예비 교사 시절 교사가 아이들이 보는 앞에서 그저 솔직하고 평범한 인간으로 존재하는 기쁨을 누리라는 말을 들어본 사람은 거의 없을 것이다.

공교육기관에서 지난 50년 동안 규정해온 전문직업인의 행동 개념에는 강렬한 감정이 결여되어 있다. 교사는 쉽게 분노해서도 안되며 감정에 북받쳐 울어서도 안 되고 슬픔으로 오열해서도 안 된다. 우리가 드라마를 보면서 좋아하는 모든 것, 영화를 보면서 감탄하는 모든 것, 슬퍼하고 깔깔대고 격해지고 놀라고 심각해지는 모든 것이 교사로서 지켜야 할 태도에 의해 걸러지는 것이다. 만약 영화와 드라마가 이런 교사들에게서 볼 수 있는 감정만을 표현한다면 이내 극장은 텅 빌 것이다. 오직 강제로 영화를 봐야 하는 학생들만 극장에 남을 것이다.

전통적인 초등학교 교사가 분필 가루 날리는 칠판 앞에 서 있다. 그때 갑자기 교사가 자신을 망각하고서 자제력을 잃고 욕을 하는 끔찍한 일이 벌어진다면 어떻게 될까. 바로 거기 교실 앞에서, 보통 사람들처럼, 미처 말을 순화할 겨를도 없이 욕설이 튀어나온다면?

아이들이 웃을까? 교사도 따라 웃을까? 교사가 교실을 걸어가다가 책상 모서리에 무릎을 찧어 피가 나기라도 하면? 하늘이 두 쪽 나고 지붕이 무너지기라도 한 것처럼 난리가 날 것이다. 어떤 아이는, 남 무릎이라도 되는 양 교사는 피 한 방울도 흘리지 않을 거라고 생각할 것이다. 피가 난다면, 교사도 사람이라는 것이 입증되겠지.

대대로 전해 내려오는 이런 '전문직업인다운 근엄함'이 우리에게 강요되고 있다. 이것은 오늘날 자존심 있는 교사라면 따르지 말아야 할 관행으로, 아이들과 교사를 진정 위하거나 교육의 미래를 염려하는 사람이라면 누구든지 교사의 자유로운 자기표현을 격려해야 할 것이다.

그렇다고 10년 전에 풍미했던 반反문화counterculture를 연상시키는 변덕스럽고 무책임한 행동을 권장하는 것은 아니다. 흔히 무례한 태도와 단정치 못한 복장으로 대변되는 이런 행동양식은, 내가 보기에, 사실 그들이 대체하려 했던 생활양식보다 더 위험한 듯하다. 더욱이 그럴 경우 가장 필요한 곳에서 지원군을 얻기가 어려워질 수도 있다. 그렇지 않았다면 우리를 지원해주었을 수많은 학부모들의 호의를 잃거나 걱정을 사게 될 테니까 말이다.

그러나 나는 우리가 감정을 드러내는 것을 두려워해서는 안 된디고 생각한다. 친구나 가족, 자녀를 대하는 것과 똑같이 학생들에게도 감정을 솔직히 드러내야 한다.

물론 교사는 사생활의 어떤 면은 학생뿐 아니라 누구에게나 숨기고 싶을 때가 있을 것이다. 모든 사적인 감정을 학생들에게 강제로 드러내야 한다는 뜻은 아니다. 친구에게도 알리고 싶지 않은 감정이 있는 것과 같다. 하지만 교사들도 집에서처럼 교실에서도 분노와 고통과 불안과 두려움을 드러내고 울고 웃으며 열린 마음으로 터놓고 지낼 권리가 있을 뿐 아니라 그럴 필요도 있다. 유머감각과 유쾌함을 억누르고 근엄하고 엄격하게 행동하는 것이 전문직업인다운 처신은 아니다. 교사도 사랑하는 사람을 잃었을 때 슬프게 울 수 있고, 어느 날 아침 일어났을 때 몸이 찌뿌듯하면 아이들에게 기분이 영 안 좋다고 불평할 수도 있다. 화장실에 가야 할 때 굳이 손을 씻고 오겠다거나 바람을 쐬고 온다고 말할 필요가 없다. 또한 운이 나빠 넘어지거나 다리를 삐거나 무릎을 찧었을 때 욕설을 내뱉지 말아야 할 이유도 없다.

　교사도 다치면 안으로든 밖으로든 피를 흘릴 수 있다는 것을 학생들은 알아야 한다. 그런 모습을 보여도 학생들은 우리를 싫어하지 않을 것이다. 그들 역시 피를 흘리기 때문이다. 그들도 고통을 느끼며, 화장실에 갈 때 바람 쐬고 오겠다고 말할 필요가 없는 사람이다. 그들도 땀을 흘리고 자주 깔깔대고 웃으며 가끔은 울기도 한다.

　일인칭으로 학생들을 대하는 이런 방식이야말로 우리 학생들에게 당당히 자신의 의견을 말하고 울고 숨 쉬고 살아가고 사랑하고 투쟁할 능력과 권리가 있음을 가르치는 가장 탁월한 방법이라고 나는 생각한다. 우선 '나'를 말하다보면 자연스레 '우리'를 말하게 될 것이다.

'중도'는 진실하고 '양극단'은 불온하다?

극 단 적   견 해

학생이 강한 신념을 표명할 때, 특히 격렬한 논쟁적 어조로 말하는 경우, 교사는 반사적으로 분위기를 진정시키고 학생에게 어조를 누그러뜨리라고 설득한다. "피터, 좀 거칠지 않니?" 이때 학생이 강경한 입장을 철회하고 물러서면 대개 자제력이 있다는 칭찬을 받게 된다. "훨씬 더 합리적으로 들리는구나." 사실 그 결과 믿을 만한 말이 더 적어졌는데도 교사는 한결 더 믿음직스럽게 들린다고 말한다.

반 아이들이 일반직인 의견을 의식하지 않고 직설적으로 강한 주장을 펼치는 경우에도 교사는 비슷한 말을 한다. "자, 데이비드는 흑인들이 자신의 권리를 위해 싸우고 있다고 했고, 수전은 법과 질서가 필요하다고 했다. 음…… 이 두 입장 모두 일리가 있어." 한참 말이 없다가 교사는 마침내 결론을 내린다. "제3의 입장을 찾아보는 게 어떨까?"

교사는 "자, 네가 조금만 양보하면 분위기가 좀 더 좋아질 거야"라는 식으로 솔직히 말하지 않고, 제3의 입장이 양 극단의 입장보다 더 진실하다—"중도에 가까울수록 진실하다"—는 절대적인 암시를 준다.

이런 사고방식은 모든 분노와 갈등, 대립은 다른 사람의 생각을 잘못 이해한 결과에 지나지 않는다는 생각을 낳고, 더욱이 이런 생각은 현대의 여러 학교교육 자료들—가장 교양 있는 자료들을 포함하여—에 의해 공고해졌다. "사람들이 각자 자신의 의견을 제대로 설명하기만 하면 아무도 남의 의견에 반대하지 않을 것이다." 이렇게 해서 우리의 가치관과 견해에 관한 '해명' 또는 '갈등 해소'라는 새롭고 유익한 사이비 학급 윤리가 생겨났다. 이 새로운 생각에 내포된 뜻은 분명하다. 의견 대립은 거의 모든 경우 불충분한 인식이나 부적절한 단어 사용의 결과로 빚어지는 것처럼 인식되고 있다. "우리는 말하는 법뿐 아니라 듣는 법, 이해하는 법도 배워야 한다." 잘 듣는 법을 배우면 싫어하는 것을 듣지 않게 될 것이라는 메시지다. 싫어하는 것을 듣는 것은 올바로 듣지 않기 때문이라는 것이다.

성경에 이런 말이 있다. "비전vision 없는 백성은 망하리라." 비전은 그 정의상 포괄적이고 극단적인 것이다. 공립학교 교실, 특히 빈민 거주지 학교에서 흔히 볼 수 있는 무관심과 무미건조하고 활기 없는 토론은 흔히 지적되듯이 "학생의 학습동기가 부족"해서가 아니라 바로 이 비전을 차단해버렸기 때문이다.

이것은 단순히 학생들의 열정과 흥미를 끌어내는 데 실패한 교육의 한 사례라기보다, 학교가 위임받은 '열정 차단' 권한이 성공적으로 이루어진 사례일 것이다. 미국의 공립학교에서 관례적으로 인정되고 있는 미덕은 감정의 절제와 신중함, 그리고 합의이다. 이런 관습은 정의正義의 비전과 양립할 수 없기 때문에, 학생들은 중학교에 가기 오래전부터 교실 문을 열기 전에 열정부터 버리는 법을 배운다.

극단에 대한 편견은 교사와 학생 모두의 의식을 마비시킨다. 모든 극단적인 생각이나 급진적인 견해는 원래부터 수상한 것이라 여겨지는 반면, 온건한 진술—'신념'이 아닌 '개념'—은 처음부터 믿음직스럽다고 여겨진다. 대부분의 교과서에서 '급진적radical'이라는 용어는 '자유주의적liberal'이라고 불리는 건전한 정신의 병적 탈선 상내인 것처럼 기술된다. 같은 의미선상에서 혁명 또한 개혁이라는 건전한 용어가 고통스럽게 비틀린 불온한 용어로 정의된다.

이런 견해와 관련해 교과서, 신문, 잡지 등에서 흔히 볼 수 있는 표현이 있다. '양 극단'이 그것이다. 이 표현을 사용하는 목적은 극단적 생각에는 항상 사악하고 해로운 무언가가 있다는 것을 사람들에게 믿게 하려는 것이다. 그러나 이는 사실이 아니다. 예를 들어, 유대인을 학살하는 데 바치는 극단적 헌신과 나치의 우두머리를 암살하는 데 바치는 극단적 헌신은 엄연히 다르다. '양 극단주의자들'이라는 표현도 진실을 호도한다. 이 말을 들은 학생들은 언제나 중도에 가까울수록 진실하다는 믿음을 갖게 될 것이다. 또한 언제나 진실한 '중도'가 있다고도 믿게 될 것이다. 물론 이 믿음은 틀린 것이다.

대부분의 고등학교 교과서를 지배하는 원칙은 다소 이런 관점을 취한다. "모든 극단적인 행동이나 신념은 현명하지 못하다. 머지않아 그 모든 것은 자기배반, 자기타락, 기만으로 귀결될 것이다."

소련은 급진적 신념이 불가피하게 왜곡되고 실패한 전형적인 예로 제시된다. 2백 년 전에 일어난 그 유명한 미국 독립혁명에서 급진적인 신념이 일궈낸 성공이나, 상하이와 베이징에서 여전히 진행 중인 혁명에서 보이는 급진적 신념의 중요성에 대해서는 언급되지 않는다. 말콤 X나 성 프란체스코, 성 잔다르크의 급진적인 생각에 대해서도 언급되지 않는다.

때로 극단적인 시련에 맞서 극단적으로 반응하는 것은 건전하고 지혜로운 일일 뿐 아니라 인류의 고통을 목격할 때 고결한 인간이 내릴 수 있는 유일하게 윤리적인 반응일 때가 많다. 인기 없는 이 관점을 우리 학생들에게 납득시키려면 어떻게 해야 할까?

내 방식은 앞에서 언급했던 것과 똑같이, 우리가 실생활에서 다른 사람에게 하듯, 아이들에게 솔직하게 주관적인 입장에서 정면으로 이 문제를 다루는 것이다. 하지만 대부분의 교사들은 이 제안에 대해 예전처럼 반응할 것이다. 그들은, 교실에는 이런 자료가 얼마든지 있어서 아이들 스스로 알 수 있는데 왜 우리가 군이 그런 문제를 아이들 앞에서 이야기해야 하죠? 하고 물을 것이다. 물론 그런 완곡한 방식을 택하는 교사들에 반대할 이유는 없다. 하지만 나는 최소한 게임의 어떤 시점에서는 우리 자신의 언어로 말해야만 아이들에게 훨씬 더 솔직한 것이라고 생각한다.

또 다른 방법은, 앞서 말했듯이, 이미 교과서에 존경할 만한 인물로 언급된 토머스 페인*, 토머스 제퍼슨 같은 위인들의 '극단적인' 생각과 관점이 잘 나타난 인용글을 게시판에 붙여놓는 것이다.

"자유의 나무는 종종 애국자와 폭군의 피를 먹고 자란다." 5) 제퍼슨은 1787년에 보낸 편지에 이 말을 썼다. 위인이나 애국자의 진실한 (극단적) 신념이 잘 나타난 글귀를 인용하면 아이들에게 극단적

---

* Thomas Paine(1737~1809) 미국 독립전쟁과 프랑스 혁명에 사상적 기초를 마련했던 인물로, 미국 건국의 아버지이자 개혁가.《상식》《인권》등의 저서가 있다.

인 반응을 불러일으키면서도 교사는 공격으로부터 부분적으로 보호받을 수 있다는 것은 최근 교사들 사이에 많이 알려졌다.

1세기 전에 보스턴에 살면서 글을 썼던 노예폐지론자 윌리엄 로이드 개리슨 또한 극적인 용어로 극단적인 반응에 대해 이야기했다. 한 친구가 그에게 왜 그렇게 불같이 화를 내느냐고 묻자, 개리슨이 이렇게 대답했다. "주위에 첩첩한 얼음산을 녹이려면 불을 활활 태워야 하거든." [6]

이 책에서 그 신념과 글을 거듭 인용하게 될 헨리 데이비드 소로는 내가 솔직한 말의 표본으로 삼고 있는 인물이다. 그는 당대에 미덕으로 통용되는 관습에 대해 서슴없이 비판했다. 그는 또한 미국 공립학교에서 아주 저급한 것으로 간주되는 말투를 거침없이 옹호했다. 그는 1854년에 다음과 같이 말했다.

"나는 내 말이 과격하게 들리지 않을까봐 걱정이다. 나는 어디서든 제약 없이 말하고 싶다." [7]

이 주제와 관련해, 신념을 표현한 글 중 내가 가장 좋아하는 것은 마틴 루터 킹 목사의 글이다. 〈버밍엄 감옥에서 쓴 편지〉(1963)[8]에서 그는 이렇게 썼다. "예수님은 사랑에 대해 극단주의자가 아니었습니까? …… 문제는 우리가 극단주의자인가 아닌가 하는 게 아니라 어떤 종류의 극단주의자인가 하는 것입니다. 우리는 증오를 위한 극단주의자입니까, 아니면 사랑을 위한 극단주의자입니까? 우

리는 불의를 위한 극단주의자입니까, 아니면 정의를 실현하려는 극
단주의자입니까?"

이런 직접 인용문 외에도, 자기파괴나 타락으로 귀결되지 않은,
극단적 신념에 근거한 극단적 행동을 보여주는 구체적이고 입증
자료 풍부한 사례 역시 많다. 만일 교사가 꿈을 배반한 소련 같은
진부한 내용은 제쳐두고, 혁명 후 공교육 부문에서 일궈낸 쿠바 급
진주의자들의 성공담이나 혁명 후 건강보험 문제에 대한 중국 급
진주의자들의 성공담을 이야기한다면? 그러려면 교사는 정말 흠잡
을 데 없이 좋은 자료와 능력을 갖춰야 한다. 늘 그렇듯, 기존의 악
습을 바로잡으려는 자는 무난하고 진부한 말만 반복하는 사람들에
비해 훨씬 더 많이 공부하고 연구해야 한다.

이 공고한 벽을 부수는 가장 좋은 방법은 먼 과거에서 '적절한 인
용문'이나 '적절한 예'를 빌려오는 것이 아니다. 전달하려는 내용도
내용이지만, 그 못지않게 열정적으로 분명한 주장을 펼칠 수 있는
교사의 능력이 가장 중요하다. 이런 교사의 모습을 보며 학생들은
굳은 신념을 정직하게 표현하는 것에 대한 깊은 인상을 간직하게
될 것이다. 늘 입장을 분명히 드러내지 않아 애매하게 말하고 신념
을 완곡하게 표현하는 교사는 거침없고 명료하고 극단적인 생각이
라는 미덕에 담긴 믿음직한 교훈을 줄 수 없을 것이다.

교사 자신의 진정성과 살아 있는 신념은 보이지 않는 교육과정

인 셈이다. 학생의 기억에 가장 오래 남는 수업은 공책에 필기한 내용도 아니고, 교과서에 인쇄된 궁색한 문장도 아니다. 그것은 수업하는 내내 교사의 눈빛에서 뿜어져 나오는 메시지다.

그것이야말로 평생 잊히지 않는 교훈이 될 것이다.

04

"아니오"라고 말하기
불복종 교육

공립학교 학생과 교사의 의식에 주입된 가장 두드러진 억압들 중 하나는 '아니오'라고 말하는 것에 대한 공포심이다.

교과서는 오랜 세월 동안 독단적 확신과 겸손을 오가며 거의 눈에 띄지 않게 교묘히 이 목적을 달성해왔다. 교과서는 상투적 말로 학생들을 위협하여 기성 사회의 시각을 맹목적으로 받아들이도록 한다. 간혹 학생이 교과서나 어떤 개념을 드러내놓고 비난할 때 흔히 듣는 '부정적'이라거나 '건설적이지 않은 비판'이라는 진부한 표현이 그것이다.

이 말은 모순적이다. 만일 새뮤얼 애덤스, 토머스 제퍼슨, 토머스 폐인을 위시한 반란자 수천 명이 영국 왕 조지 3세의 관점에 대해 극단적으로 '부정적인' 태도를 취하지 않았다면, 그리고 아무런 '긍정적인' 대안을 내놓지 못했다면, 북아메리카의 13개 식민지에 살고 있던 사람들은 절대 미합중국의 시민이 되지 못했을 것이다.

초등학교 저학년 학생들이 교과서와 읽기 자료의 기만성을 알아챌 정도로 영민하여 솔직하게 자기 생각을 말한다면, 아이들은 대개 이런 말로 제지당하거나 침묵을 강요받는다. "부정적이고 적대적인 태도는 좋지 않아. 건설적이지 않은 비판도 삼가야 한다. 이 이야기의 좋은 점을 찾아볼까?" 이런 장황한 설명으로 긍정을 이끌어낸 뒤 또 다른 낯익은 패턴의 말을 덧붙인다. "새로운 것을 세울 준비가 되어 있지 않은 상태에서 무조건 무너뜨리는 것은 옳지 않아."

이 말은 무수한 방식으로 변주된다. "아주 오랜 시간 동안 대단히 많은 사람들이 우리를 위해 이 이야기를 쓰고, 이 삽화를 그리고, 이 책을 인쇄해주었어. …… 어린 학생이 더 좋은 것을 제안하지 못하면서 다른 누군가의 작품을 비난하기란 아주 쉬운 일이지."

물론 이것은 부당한 주장이다. 우리 모두는 우리가 스스로 "더 좋은 것을 만들어낼" 능력이 있든 없든 싫은 것을 비판할 권리를 가지고 있다. 병원의 환자들은 환자 자신이 직접 수술을 집도할 수 없더라도 수술 집도 의사가 녹슨 메스를 사용하려 한다면 이에 항의할 정당한 권리를 가진다. 같은 의미에서, 학생들 역시 자신의 4학년 읽기 자료를 대신할 멋진 책을 집필하고 삽화를 그려 넣고 인쇄하고 제본할 기술이 없더라도 지루하고 엉터리 같은 책을 보며 분노할 권리를 가진다. 어른이 이들의 권리를 박탈하는 것은 정당하지 않다.

이런 상투적 반응에는 무언의 의도가 숨어 있다. 당장 대안을 제시할 수 없다면 다른 이의 생각을 비판하거나 공격할 권리가 없다고 말할 때, 이 말의 행간에는 언제나 더 나은 게 있어야 한다는 전제가 깔려 있다. 이것은 마치 건축업자가 아름다운 푸른 계곡 한복판에 거대한 빌딩을 세우고 나서 비판자들을 똑바로 쳐다보며 당신들은 이보다 더 좋은 것을 세울 수 있느냐고 묻는 것과 같다. 이런 말은 훼손되지 않은 땅 너머로 푸른 지평선이 보이던 때가 있었다는 사실을 망각하게 한다. 모든 것에 대안이 필요한 것은 아니다. 전혀 존재할 필요가 없는 것도 있다.

문제를 인식한 수많은 교사들은 이 관행을 타파하기 위해 갖가지 독창적인 방법을 생각해냈다. 어떤 교사들은 문제가 선명히 보이는 간단한 이야기를 해준다. 예컨대, 환자가 녹슨 메스를 들고 있는 의사를 보며 누워 있는 상황을 이야기하거나, 또는 자그마한 마을의 가난한 사람들이 거대 건축회사의 무책임한 행위에 맞서는 이야기를 해주는 것이다.

또 다른 교사들은 뉴스를 광범위하게 활용한다. 예를 들면, 워터게이트 사건이나 스리마일 섬 원전사고*에 관한 보도를 활용하는 것이다. 이 두 사건 모두 잘 훈련된 미국 성인이 당시 진행 중이었던 일련의 기만적 과정이나 자기기만 행위에 대해 '안 돼'라고 말하지 못함으로써 희생자뿐 아니라 자기 자신에게도 비극적인 결과를 낳은 사건이다. 더 먼 과거의 사건, 이를테면 히로시마 원폭 사건은 한결 더 강력한 역사적 증거를 제공한다. 다시 말하지만, 날마다 신문에서 가장 강력한 증거를 볼 수 있는 상황이라면 굳이 비난거리를 찾아 급진적인 출처를 뒤적거릴 필요가 없다.

종이 한 장에 세로로 선을 긋자. 왼 칸에는 묵인과 복종, 긍정적 생각을 찬양하는 교과서 문장을 쓰고, 오른 칸에는 '아니오'라고 말하지 못하고 워터게이트에서 도청했거나 밀라이 마을에서 주민을 학살했던 평범하지만 비극적인 인물들이 법정에서 증언한 말을 열거해보자.

최근까지 보스턴 공립학교의 공식 교육과정에 포함되어 있던 구절이 있다. "언제나 모든 면에서 복종하는 것은 우리의 의무다."[9] 교사는 이 문장을 왼 칸에 써 넣는다. 오른 칸에는 이 나라 학교교육의 소산인 미국 군인들의 말을 적어 넣는다.

---

* 1979년 3월 28일 미국 펜실베이니아 주 스리마일 섬에 있는 원자력발전소에서 일어난 노심 용융 사고로, 원자력 발전의 안전성 논란을 일으키는 계기가 되었다.

수많은 교사들은 수년 전부터 아돌프 아이히만의 말을 효과적으로 활용해왔다. 아이히만의 순종적인 태도는 독일 공립학교에서 길러진 것이다. 교사들은, 미국 학교는 1세기가 넘도록 독일 교육체제를 모델로 삼아왔고 두 학교 체제의 목적은 상당히 비슷하다는 점을 지적한다. '훌륭한 독일인'을 길러내기 위한 교육이나 '훌륭한 미국 시민'을 길러내기 위한 교육이나 별반 다르지 않은 것이다. "나는 명령에 복종했을 뿐이다"라고 아이히만은 말했다. 잘 통제된 공립학교에서 그는 복종하는 것 외에 무엇을 배울 수 있었을까?

다시 강조하지만, 문제의 핵심이 흐려지지 않도록 하는 것은 교사의 고유한 임무라고 나는 믿는다. 공립학교 과정을 시작하기 전에 이미 충분히 사회화된, 미국의 '평범한' 학생들은 우리가 아이히만이나 히로시마를 언급하는 의도를 회피하려는 경향을 보인다.

"요지가 뭔지 알겠니?"

나는 자주 고등학생들에게 이렇게 묻는다. 나는 '요지'가 없는 체하지 않는다. 나는 학생들이 어떤 결론에 도달할지 전혀 모르고 있다는 듯 말하지 않는다. 또한 나는 모든 가능한 결론이 "균등하게 옳을 수 있다"고 말하지 않는다. 나는 미리 계획된 정답 맞히기 게임('발견 학습법')을 이용하여 학생들을 내가 정한 결론으로 유도하지 않는다. 나는 어른으로서 내 판단력을 포기하지 않으며, 나 자신의 진지한 목적이 없는 척하지 않는다.

"요지는 이거야. 학교는 멍청하고 위험한 복종을 강요함으로써 바로 너희 같은 사람들을 절도나 살인 등의 비극으로 이끌었어. 미래의 청사진, 새로운 대안, 선택적 제안, 모두 좋고 훌륭해. 하지만 솔직한 거절과 비판 행위가 인류에 훨씬 더 유익하고 중요할 때도 있단다. 학년말까지 내가 너희들에게, 내면에 늘 존재하기 마련인 온갖 의혹과 거리낌을 떨쳐내고 당당하게 '아니오'라고 말할 용기를 심어줄 수 있다면 더 바랄 게 없구나."

그러나 앞서 살펴봤듯이, 직접 자신의 의견을 말하기보다 다른 사람들의 말을 인용하기를 더 좋아하는 교사도 있다. 이런 교사는 자신의 견해를 터놓고 말하는 대신, 다양한 도덕적 정치적 선각자들의 글을 언제든 학생들이 읽을 수 있도록 한다. 마치 광고라도 하듯 관련 서적을 늘어놓고, 저명한 사회비평가들의 책을 책장에 꽂아두거나 박스에 넣어두지 않고 교탁과 선반에 쭉 펼쳐놓는다.

하지만 이 책에서 거듭 강조했듯이, 교사가 자신의 견해를 직접 이야기하고 눈에 보이는 행위로 보여줄 때 어떤 책보다 학생의 기억에 영원히 남는 강렬한 영향을 줄 수 있다고 나는 믿는다. 일단, 아이들이 교사의 의견에 이의를 제기해도 아무 탈이 없다는 것을 알수록 그 효과는 배가된다. 학생들은 몇 년 동안 이것을 가장 두려워하고 피해야 할 행위로 배워왔기 때문에 이 금기를 깨부수기가 가장 어렵다.

나는 내가 맡은 반 아이들이 자유롭게 사고하고 비판하도록 하기 위해, 내가 '불복종 교육'이라고 명명한 수업을 며칠 간 할 것이라고 학기 초부터 아이들에게 선언한다. 이 말을 들은 초등학교 아이들은 간혹 놀라는 표정이 된다. '불복종'이라고 해서 집 식구들에게 심술궂게 반항하거나 학교에서 선생님 말을 듣지 말고 못되게 굴라는 말이 아니라는 것을 학생들에게 분명히 인식시키는 데에는 얼마간의 노력이 필요하다. 악의와 원한에 찬 반항과 공격, 그리고 불복종의 활기찬 표현, 이 두 마음상태를 확실히 구분해줘야 한다. 전자는 사람을 공격하는 반면, 후자는 그 사람의 견해와 신념에 집중하는 것이기 때문이다.

다른 사람의 의견을 비판하는 것과 그 사람의 마음과 정신을 공격하는 것은 엄연히 다르다는 것을 분명히 알려줘야 하는 또 다른 이유가 있다. 학생이 교사의 의견에 자유로이 반대할 수 있으려면 그것 때문에 보복을 당하는 일은 없다는 것을 알아야 한다. 한 사람의 말과 그 사람의 내적 자아를 명확히 구분 지어주지 않으면, 학생들은 교사의 말을 반박할 때마다 교사에게 타격을 가한다고 느끼기 쉽다. 더욱이 학생들은 교사가 어떤 학생의 의견에 반대하는 것은 그 학생에게 미운 털이 박혀서가 아니라는 것을 믿기 어려워한다.

솔직한 반대의견에 대한 논의로 수업을 시작하는 것이 타당한 순서일 것이다. 그래야 학생들은 왕성한 생각과 풍부한 감정으로 열띠게 토론하면서도 교사나 반 친구들에게 인격적 비난을 받지 않을까 하는 걱정을 하지 않을 테니까.

(전미교육협회 편람[10]에도 명시되어 있듯) "감정을 자극하는 사안이 격한 논쟁이 되어 싸움을 유발"할까봐 겁을 내는 학교는 내가 바라는 열띤 토론을 금하려는 경향을 보인다. (그러나 오늘날 우리의 학교 현실은 이 우발적인 사고를 우려할 상황이 전혀 아니다. 교사들은 오래전부터 미적지근한 학급 토론에 무관심한 학생들 때문에 골머리를 앓고 있어, 학급 아이 중 누군가가 토론 중에 종이를 구겨서 던질 정도로 격렬하게 자기 주장을 편다면 벌떡 일어나 응원할지도 모른다!) 내 경험에 비춰볼 때 학생들은 자기들끼리는 물론 어른(교사)에게도 자제력 있고 위엄 있는 태도로 반박하는 법을 배울 능력이 있다. 그리고 어떤 견해에 대한 분노와 그것을 표현하는 이에 대한 증오는 엄연히 다르다는 것을 구분하는 법 역시 배울 능력이 있다.

이는 교사가 중요한 문제에 대해 자신의 견해를 분명히 밝히고 아이들의 열띤 논쟁을 이끌어내려 할 때 반 아이들이 갖추고 있어야 할 필수적 전제조건이다. 만일 학생들이 '아니오'라고 말할 줄 모르거나 몸을 사리느라 안 그러는 경우, 교사는 무언가에 가로막힌 느낌이 들 것이다. 반박할 수 없다면 권력을 쥔 사람들의 권력은 무한히 커질 것이고, 토론에 부칠 수 없다면 그들의 견해는 독단으로 흐를 것이다.

이 점과 관련해서 우리가 직접 학생들에게 이야기하는 것도 좋고, 용기 있게 사회의 부조리에 맞섰던 수많은 사람들의 말을 인용함으로써 학생들이 우리 자신의 견해에 맞설 용기와 비판의 선례를 제시하는 것도 좋지만, 가장 좋은 방법은 교사가 몸소 실천하여 그 방법을 보여주는 것이다. 가령 교사들은 교육위원회나 학교 관리자의 부당한 지시에 불복종함으로써 학생들에게 문제의 핵심을 보여줄 수 있다. 그러나 이 방식은, 수많은 교사들, 적어도 경력이 얼마 안 된 신참 교사들에게는 생계를 위협하는 경솔한 행위로 간주될 수 있다. 그러므로 훨씬 덜 위험하고 더 직접적인 또 다른 방식은, 중대한 사안에 대해 당신의 의견에 동의하지 않는 동료 교사를 학급에 초대하여 그 교사와 열띤 논쟁을 벌이는 것이다.

"선생님 말씀은 언제나 옳다"는 생각을 주입받아온 학생들은 두 선생님이 각기 다른 의견을 갖고 있다는 딜레마에 맞닥뜨리게 된다. 학생들은 두 선생님 모두 옳을 수 없으며, 둘 다 선생님이며 어른이라는 사실을 알고 있다. 이 수업은 적어도 두 가지 유익한 선례를 남긴다.

첫째, 선생님은 틀릴 수 없다는 고정관념을 깨서 학생들이 학교에 다니는 동안 선생님 의견에 반대할 수 있는 토대가 된다.

둘째, 격하게 논쟁하고도 서로 존중할 수 있다는 것을 보여준다.

학생들 앞에서 두 선생님이 벌이는 열린 토론은 아무리 난데없고 색다른 광경이라 해도, 그렇지 않았다면 자신의 의견을 솔직히 얘기하는 데 주저했을 학생들을 변화시키는 생생한 기폭제가 될 것이다. 선생님들이 격렬하게 논쟁하는 것을 보면서 학생들은 완전 무결한 생각은 없다는 것을 깨닫게 될 것이다. 이 순간부터 학생들은 보복의 두려움 없이 불손하게 반대할 수 있게 될 것이다. 그 결과 교사들은 마침내 애매하고 무미건조한 태도를 모방하는 일에서 해방된다.

물론 공립학교의 전통적인 교육과정에서는 이런 수업을 좀처럼 찾아보기 힘들다. 그러나 워터게이트 사건에 이어, 정부가 눈감아주거나 어쩌면 주도했을지 모르는 최근 사건들, 마이애미 법원과 경찰의 은폐 및 결탁 행위, CIA의 끊임없는 음모(불행히도 아주 많은 사람들이 국가의 이익이라는 명분으로 이를 용인하고 있다), 방사능 오염 폐기물의 방사능 누출 사고와 관련 기업들의 어처구니없는 발뺌 앞에서, 지치지 않고 분노하고 비난할 수 있는 용기야말로 공립학교에서 우리의 권한으로 아이들에게 전달할 수 있는 가장 중요하면서도 유일한 교훈이다.

앞으로 몇 년 안에 수십만 교사들이 큰 망설임 없이 이 전략을 실천하리라 기대한다면 지나친 낙관일 것이다. 하지만 실제로 지난 몇 년 사이에 수백 명의 교사들이 '의견 정직하게 말하기'를 학년 초 첫 주에 학생들에게 가르칠 기본 수업으로 채택하기 시작했다.

이 나라에서 아이들에게 '아니오'라고 말할 권리와 자유를 되돌려주려면 과거에 그 권리를 박탈할 때만큼의 노력이 필요하다.

05

헬렌 켈러는 무엇을 보았는가?
교과서가 가르쳐주지 않는 위대한 여성들

여러 세대 동안, 여성들은 공립학교에서 경시되거나 완전히 망각된 존재였다.

대부분의 교과서에는 훌륭하거나 용감한 여성 영웅들이 전혀 다뤄지지 않고 있다. 교과서에 등장하는 몇몇 여성들은 거의 예외 없이 어리석고 재미없는 인물들로, 독립적으로 의미 있는 일을 했다기보다 유명한 남성과 결혼하는 행운에 힘입어 유명해진 경우가 대부분이다. 그 분명한 두 예가 마사 워싱턴*과 매리 토드 링컨**이

---

* Martha Washington(1731~1802) 미국 초대 대통령 조지 워싱턴의 부인.
** Mary Todd Lincoln(1818~1882) 미국 16대 대통령 에이브러햄 링컨의 부인.

다. 흑인 지도자 해리엇 터브먼*은 다른 이들에 비해 조금 나은 취급을 받긴 하지만, 그녀조차도 그녀의 신실한 신념 중 10분의 9는 표백되고 생략된 채 언급되곤 한다.

자기 힘으로 업적을 이룬 여성 가운데 모든 교과서에 수록된 유일한 인물은 나라를 위해 일한 재봉사 베치 로스**이다. 교과서 집필자들의 이 선택은 놀라운 일도 아니다. 교육위원회가 미국의 공립학교에서 다룰 대표적 여성으로 '가사'라는 여성 영역에서 탁월한 업적을 남긴 인물을 선택하는 것보다 더 완벽하고 예측 가능한 일은 없을 테니까.

이 시대에 독자적 행동으로 의미 있는 업적을 남긴 애비게일 애덤스***같은 인물들은 완전히 무시되거나 기껏해야 명목상 언급되곤 한다.

미국 혁명 후 2세기가 지났건만 이런 현상은 크게 변하지 않았다. 지난 백 년 간 등장했던 주목할 만한 여성들(예를 들면, 도로시 데이*, 수전 B. 앤서니**, 에마 골드먼***) 대다수는 공립학교에서 거의 거명조차 되지 않았다. 교사들, 특히 평생 이런 편견을 감내해

---

* Harriet Tubman(1822~1913) 노예제도 폐지론자, 인도주의자, 여성운동가.
** Betsy Ross(1752~1836) 조지 워싱턴의 주문을 받아 미국 국기를 처음 만들었다고 알려진 재봉사.
*** Abigail Adams(1744~1818) 미국 2대 대통령 존 애덤스의 부인으로 여성인권과 노예해방 등 탁월한 통찰력으로 미국 정치 및 행정에 큰 영향을 끼친 여성.

온 여성 교사들은 내가 언급한 여성들이 공립학교에서 완전히 무시되고 있는 이유를 아주 잘 알고 있다. 그들 한 사람 한 사람은 남성 지배자의 조종에서 자유로웠을 뿐 아니라 국가의 기만과 대기업의 권력에 대해 열정적으로 비판했던 용감한 여성의 생생한 본보기가 되기 때문이다.

수전 B. 앤서니와 에마 골드먼은 저 세상으로 떠난 지 오래되었고, 도로시 데이는 1980년 겨울까지 살았다. 그녀는 (12월 1일에) 80세의 나이로 별세했다. 그녀는 기독교인이 되는 최선의 방법은 가장 궁핍하고 굶주린 사람들 편에 서서 그리스도의 이상을 실천하는 것이라고 믿었던 독실한 종교인이었다.

도로시 데이는 자신이 믿는 바를 몸소 실천하기 위해 숱하게 항의 시위에 참여했고 몇 주 또는 심지어 몇 달 동안 단식을 하기도 했고 여러 번 감옥에 투옥되기도 했다. 그녀는 또한 직접 쿠바 혁명을 보고 배우기 위해 쿠바에도 갔다. 1973년 캘리포니아 농장에서 일하는 이주 노동자들이 노조를 결성할 권리를 인정해달라고 파업을 벌였을 때 도로시 데이는 70세가 훌쩍 넘은 나이였음에도 피켓

---

* Dorothy Day(1897~1980) 미국의 사회운동가, 기독교 평화주의자, 작가, 언론인, 사회주의자, 생태주의자.

** Susan B. Anthony(1820~1906) 미국의 여성 참정권을 이끌어낸 인권 운동가.

*** Emma Goldman(1869~1940) 20세기 초반 북미 및 유럽에서 아나키스트 철학을 발전시키는 중추적 역할을 했다.

라인에서 노동자들과 함께 시위했다. 경찰이 시위자들을 체포하기 시작했을 때도 그녀는 결코 물러서려 하지 않았다. 그녀는 체포되어 노동자들과 함께 투옥되었다.

도로시 데이는 종교적 견해와 정치적 확신을 같이한 여러 친구들의 도움을 받아가며 50년 가까이《더 가톨릭 워커The Catholic Worker》라는 월간지를 편집, 발행했다. 이 잡지는 창간호 때의 가격 그대로 아직도 한 부에 1페니에 판매되고 있다. 이 독특한 잡지에는 정치 문제, 개인적인 일기, 편집자가 죽을 때까지 거주했던 집으로 데려오곤 했던 수많은 부랑자들에 관한 단상(때로는 그 부랑자들이 쓴 단상까지도) 등 독자적인 시각으로 쓰인 다채롭고 흥미로운 기사가 가득 실렸다.

이 잡지는 하나의 노선이나 독단을 고집하지 않았기 때문에 당시 미국의 대부분의 다른 신문들처럼 모든 사회주의적 이념에 무턱대고 반대하지 않았다. 그 결과《더 가톨릭 워커》는 자료는 충분하지만 일반 신문에는 실리지 못하는 기사들을 발표하는 통로가 되었다. 이를테면 베트남처럼 전에는 갈 수 없었던 나라에 갔다 온 편집자의 여행기든, 뉴욕 시 동남부 지역에 사는 편집자가 쓴 그 지역 사람들의 삶과 죽음에 대한 인상을 기술한 기사든, 가리지 않고 수록되었다.

수많은 사람들은 도로시 데이를 성스러운 저항자로 평가한다. 그녀는 평화주의자였음에도 제3세계의 혁명 투쟁을 옹호하는 연설을 하는 데 주저하지 않았다. 미국 학교에서는 도로시 데이처럼 비범한 의지를 지닌 여성들이 전복적인 인물로 간주된다. 학생들이 도로시 데이 같은 여성에 대해 배우지 못하도록 이런 여성은 교과서에 실리지 않는다. 이제 그녀는 별세했으니 아마 50년쯤 뒤에는 교과과정에 그녀도 포함되겠지만, 그녀의 신념이나 견해는 생략될 공산이 크다. 그녀는 또 한 명의 허울뿐인 여성 영웅이 될 것이다. 진실한 신념은 완전히 제거되고 텅 빈 내용으로 제시될 테니.

도로시 데이 같은 사람에 대해 말하려고 할 때면 곧바로 이런 의문이 떠오른다. 교사들은 이렇게 광범위하고 방대하게 누락과 회피가 자행되는 고약한 영역에서 어떻게 대처해야 할까? 많은 교사들 역시 여성에 관한 중요한 수업은 유명한 사람들의 이름을 나열하기보다는, 바로 교실의 여성들, 즉 어린 여학생들 스스로가 공립학교와 사회에서 자신들의 올바른 역할을 어떻게 파악해야 하는가를 논의하는 것에서 시작해야 한다고 강조한다.

억압받는 이들의 자유를 위해 정치적 투쟁에 헌신한 여성을 수업 시간에 제대로 다루느냐 아니냐 하는 문제는 여성의 권리, 이를테면 학교에서 여학생이 남학생과 관계 맺는 방식에 커다란 영향을 미친다. 그러나 비교적 혁신적이라는 학교에서조차 이 두 문제 사이의 관계에는 별 관심을 기울이지 않는다.

이 사안을 다룰 때 교사에게 닥치는 문제는, 학생들에게 도로시 데이처럼 독립적이고 비순종적인 여성들을 가르치면서 보수적이고 완고한 교육위원회의 보복이나 해고를 어떻게 피할 수 있느냐 하는 것이다. 이와 유사한 다른 상황에서처럼 이때도 교사는 공립학교에서 이미 성인聖人으로 추앙받고 있지만 그 신념에 대해서는 아이들에게 알려지지 않았고 표준 교과서에도 수록되어 있지 않은 여성들을 적어도 학기 초의 수업 내용으로 선택한다면, 학생들에게 중요한 논지를 전달하면서도 교사 자신을 보호할 수 있다. 이런 훌륭한 여성들 중 5학년짜리도 이해할 수 있을 만한 영향력을 가진 인물은 헬렌 켈러다.

표준 교과서에 따르면, "눈도 멀고 귀도 멀었지만 읽고 쓰고 말할 수 있었던 헬렌 켈러는 세계적으로 유명했던 인물이다."[11] 그녀는 "엄청난 시련"에도 불구하고 열심히 공부했고, 그녀 옆에는 언제나 "그녀의 충직한 친구이자 선생님"이 계셨다. 이 두 사람은 서로 도와가며 거의 믿을 수 없는 일들을 이뤄냈다. 그녀가 만난 유명 인사들 중에는 조지 왕, 매리 여왕, 애스터 부인, 알렉산더 벨……

학생들은 대체로 5, 6학년쯤에 이런 내용을 배운다. 대다수 교사들과 마찬가지로 당신이 이 설명에서 무언가 잘못된 점을 느꼈다면 학생들에게 이런 질문을 던질 수 있다. "그런데 헬렌 켈러가 유명 인사를 몇 명이나 만났느냐가 중요한 일일까요?"(무슨 상관이

람?) 그녀의 업적 가운데 가장 주목해야 할 점은, 그녀가 죽을 때까지 힘없고 가난한 사람들을 위해 투쟁했다는 사실이다.

"나는 노동착취가 일어나는 공장과 혼잡한 빈민가를 방문했다"고 그녀는 썼다. "볼 수 없는 것은 냄새로 맡을 수 있었다. 내 손으로 만져보아 알 수 있었는데 …… 엄마가 근처 공장에서 기계를 돌보는 동안 발육이 늦어 왜소한 아이들이 동생들을 돌보고 있었다." [12]

그녀의 글은 이렇게 이어진다. "이 사회는 …… 개인주의, 정복, 착취 …… 를 기반으로 세워졌다." "이렇게 그릇된 기본 원칙을 기반으로 세워진 사회 질서는 틀림없이 모든 발전을 저해하게 될 것이다."

그 결과 돈을 많이 가지려는 탐욕이 우리의 주된 목표가 될 것이라고 그녀는 말한다. "방적공장이나 탄광의 산출량이 건강하고 행복하고 자유로운 인간을 만드는 일보다 더 중요한 것으로 간주되고 있다."

자유선거에 대해서는 이렇게 말한다. "우리 국민은 자유롭지 못하다. 우리의 민주주의는 이름뿐이다. 우리가 투표한다는 게 대체 무슨 의미가 있을까? 구별도 안 되는 비슷한 두 후보 중 하나를 선택하는 것일 뿐인데." [13]

만일 교사가 이 글을 헬렌 켈러 사진 아래에 붙여놓는다면 어떤 일이 벌어질까? 전부 붙이지 않고 단 한 줄만 붙인다면 어떻게 될까? "우리 국민은 자유롭지 못하다."

우선, 많은 이들이 노발대발할 것이다. 그러나 헬렌 켈러의 글귀를 벽에 붙였다는 이유로 공립학교 교사가 해고된다는 것은 이해하기 어려운 일이다. 학교 체제가 이런 이유로 교사를 해고하려 한다면, 그들은 힘겨운 싸움을 하게 될 것이다. 교육적으로 더 중요한 것은, 이 일로 사람들이 아주 흥미진진한 것을 배우게 된다는 것이다.

이 문제는 필시 제기될 터이므로, 이 인용문들의 출처가 헬렌 켈러의 글이라는 것을 분명히 주지시키는 게 중요하다. 이 문장들은 그녀의 말이나 책에서 인용한 것이다. 근본적인 문제를 최대한 효과적으로 제시하기 위해서는, 학생들에게 이와 같이 명료하고 의미심장한 질문을 던지는 것이 유용할 것이다. "이런 얘기는 어디에 쓰여 있을까? 지금 이 교실에 있는 책에 있을까? 아니면 학교 도서관 책에? 너희들 앞에 펼쳐진 교과서에 헬렌 켈러의 이런 생각이 조금이라도 언급되어 있니?"

이어서 이렇게 질문한다. "없다면, 왜 그런 걸까?" 분명, 교육 관료들은 불의에 맞서 오래도록 힘겹게 싸워온 이 용감한 여성들의 진실한 생각을 학생들이 알게 된다면 자신들이 위태로워지리라는 것을 알고 있다. 교과서는 학생들에게 헬렌 켈러가 '보는' 법을 배웠다고 알려준다. 그러나 그녀가 무엇을 보았는지는 알려주지 않는다. 교과서는 학생들에게 그녀가 '말하는' 법을 배웠다고 알려주지만, 무엇을 말했는지는 알려주지 않는다.

물론 교과서에 수록된 말은 맞다. 헬렌 켈러는 용감한 영웅이었다. 하지만 그녀가 용감한 영웅인 것은 교과서에 기술된 이유 때문이 아니다. 그녀는 적어도 두 종류의 실명을 극복했다. 육체적인 실명을 극복했을 뿐 아니라, 정신적으로도 암흑에서 벗어나 새로이 눈을 떴던 것이다. 교과서에는 전자에 대해서만 언급되어 있다.

후자에 대해 논의하는 것은 교사의 재량에 달려 있다.

06

진리가 우리를 자유롭게 하리라

교과서의 감옥에서 나오기

자유로운 사상을 가진 역사적 인물들을 아이들에게 가르치려 할
때 교사는 사방에서 듣게 될 비판에 맞서 자신을 어떻게 보호해야
할지 생각해보지 않을 수 없다. 전략적 관점에서 이상적인 인물은
공립학교에서 이미 위인으로 인정받은 인물이다.

흑인 연구 분야는 우리에게 분명한 예를 제공한다. 나는 말콤 X
의 생애와 업적을 대할 때마다 늘 감탄하게 되지만, 그럼에도 불구
하고 학생들과 인종차별이라는 주제로 이야기할 때는 마틴 루터
킹으로 시작하는 편이 훨씬 더 나을 것이다. 보수적인 교육위원회
의 징계를 받을 이유가 훨씬 더 적어지기 때문이다. 킹 목사는 TV,

신문, 공립학교 등에서 이미 그 자격이 검증되었다. 그러나 말콤 X 는 그렇지 못하다. 여기서 중요한 점은, 수업에서 다룰 위인을 전략적으로 결정한 후, 학교 당국이 아이들에게 가르치라고 요구하는 킹 목사에 대한 왜곡된 내용을 거부해야 한다는 것이다.

우리 학생들에게 킹 목사는 보통, 자신과 같은 인종을 위해 어느 정도 좋은 일을 했고 언제나 평화적 방법을 고수했으며 백인에 대해 인내심을 잃은 적이 없었던, 훌륭하지만 믿기 어려울 만큼 예측 가능하고 다소 지루한 인물로 제시된다.

교과서에 나온 그의 일생에는 우리가 진심으로 존경을 바칠 만큼 위대한 사실들이 빠져 있다. 한 예를 들면, 킹 목사는 간디와 톨스토이의 신념을 따라 평화 전략을 채택했지만, 그럼에도 불구하고 부당한 법을 뜯어고치기 위해 투쟁을 마다하지 않는 불굴의 투사였다. 그는 수개월 동안 감옥에 갇혀 법의 테두리 안에서 실행되는 통상적인 노력의 한계를 생생하게 보여줌으로써 다른 이들의 자발적인 동참을 유도했다.

킹 목사는, 비록 이미 전쟁이 일어난 다음이긴 했지만, 미국이 베트남을 비롯한 동남아시아에서 불필요할 뿐 아니라 정당화될 수도 없는 파괴를 자행하고 있다고 거침없이 말했다. 그는 존슨 대통령이 평화를 연설하면서도 무고한 베트남 민간인들에게 폭탄을 투하하여 너무도 많은 희생자를 냈다고 개탄하면서, 존슨 대통령이 처음에는 자국민을 상대로, 이어서 전 세계인을 상대로 거짓말을 하고 있다고 분노를 터뜨렸다.

"오늘날 미국은 세계 최대의 폭력 조달 국가입니다."[14] 그는 1967년 6월 4일에 이 말을 했다. 그로부터 열 달 뒤 멤피스의 어느 저격수가 그를 살해함으로써 그의 말이 옳다는 것을 입증했다. 킹 목사는 멤피스 모텔의 테라스에서 살해되었다. 총탄이 그의 목을 관통했다.

교사는 학생들에게 킹 목사의 인격이 정직하게 반영된 깊은 신념을 이야기해주면서, 그를 허울뿐인 연설가가 아니라 숱한 날들을 감옥에서 보내며 큐클럭스클랜KKK에게 끊임없이 위협을 당하고 미연방수사국FBI의 공갈 협박을 견뎌낸 인물로 소개할 수 있다. 교사는 또한《연방의회 의사록》과《보스턴 글로브》처럼 권위 있는 자료에서, 킹 목사가 존 에드거 후버*에게 공갈 협박을 당했다는 중요한 기사들을 뽑을 수도 있다.[15]

이런 식의 수업을 교육위원회는 달가워하지 않을 것이다. 그러나 늘 그렇듯 자료의 출처는 우리의 안전과 생존의 열쇠가 될 것이다. 미국 의회와《보스턴 글로브》의 문서 기록을 왜곡하지 않고 정직하게 사용했다는 이유로 교사를 해고하려는 학교는 상당한 모욕을

---

* John Edgar Hoover(1895~1972) 48년간 미국연방수사국 국장을 지내며 불법 도청과 감시로 정적과 정치 운동가들을 공갈 협박하기로 악명 높은 인물.

자초하게 될 테니까 말이다. 이런 식으로 교사는 징계의 위험을 피하면서 킹 목사의 삶과 말을 활용하여 반 학생들에게 다음과 같은 흥미로운 질문을 던질 수 있다.

이런 인물들이 감옥에 투옥되면서까지 자신의 신념을 지키려 하는 이유는 무엇일까? 가난한 시민들은 참된 자유를 거의 누릴 수 없는 나라에서 '자유롭다'는 것과 '자유롭지 못하다'는 것은 무엇을 의미하는가?

국민들이 거짓으로 만들어진 감옥에서 일생을 보내야 한다면 정말 중요한 점에서 자유롭다고 할 수 있을까? 킹 목사는 언젠가 자신의 신념을 위해 죽을 각오가 되어 있지 않은 사람은 살 자격이 없다고 말했다.[16] 이 말에 대해 어떻게 생각하느냐는 질문만으로도 교사는 학생들에게 활발한 논쟁을 야기할 수 있다. 이 질문이 학생들에게 깊은 인상을 주었다면 학생들은 집에 돌아가서도 부모에게 같은 질문을 해볼 것이다.

공립학교의 교과서와 교육과정에서 다뤄지긴 하지만, 정작 그를 역사의 반열에 올려놓은 그 가치관과 신념은 거의 언급되지 않는 또 한 명의 인상적인 인물을 들자면 헨리 데이비드 소로가 있다. 아이러니하게도, 킹 목사의 경우와 마찬가지로, 소로 역시 애초에 교육위원회가 그를 교과서에 포함시킨 이유였던 거의 모든 업적을 교과서에서 빼버렸다. 그들은 그의 영웅적이고 역사적인 시민 불복종 행위를 기려 그를 본받아야 할 인물에 포함시켰지만, 불복종의 영향력을 경계하여 바로 그 업적을 빼거나 모호하게 둘러댔다. 그럴 양이면 애초에 왜 그를 교과서에 실었는지 의아스럽다. 그들은 학생들이 직접 소로를 만나지 못하게 하려고 알맹이를 뺀 채 그를 소개하고 추앙하는 것이다. 성스러움과 마찬가지로, 불복종의 위험 역시 따뜻하고 밝은 방에서 그 날카로움을 상쇄해야 했으리라.

제법 교묘히 이루어지지 않았다면 이러한 교육 체제의 목적은 터무니없고 자멸적으로 보였을 것이다. 하지만 이런 지적 거세를 유발하는 데에는 특별한 음모가 필요 없었다. 잘 교육되고 적당히 길들여진 어른들만 있으면 되었으니까. 우리는 모두 공모자다. 하지만 마침내 수많은 교사들이 이 공모의 사슬을 끊는 방법을 배우기 시작했다.

수많은 저항자들처럼, 소로 역시 동시대에 철저히 배척받았다. 죽은 지 오랜 세월이 지난 뒤에야 학교 체제와 비판자들은 그가 탁월한 문필가였음을 인정했다. 다른 나라도 그렇지만, 미국에서도 반체제인사는 그저 사후에야 사회적으로 인정받는다는 것을 경험은 말해준다. 아무리 자타가 공인하는 위대한 인물일지라도.

학생들이 소로의 강경한 정치적 글을 일찍 접할 수 있다면 매사추세츠 주의 시민들이 어째서 그를 불편하게 여겼는지 훨씬 더 쉽게 이해할 수 있을 것이다. "오늘날 미국 정부에 대해 어떻게 행동하는 것이 인간다운 일일까? 나는 미국의 현 정부를 지지하는 것은 수치스러운 일이라고 대답하겠다." [17]

소로는 미국 정부가 특히 노예무역과 멕시코 전쟁을 용인하는 것에 대해 격분했다. 요즘 내가 공립학교에서 만나는 학생들 중에 멕시코 전쟁에 대해 아는 학생은 소수에 불과하다. 그나마 유명한 전투를 기억하는 수준이다. 그 목적이나 결과는 기억하지 못한다. 애리조나 주 대부분과 캘리포니아, 유타, 네바다 주 전역, 콜로라도 와 뉴멕시코 주의 넓은 땅을 미국 군대가 빼앗았다는 사실을 아는 학생은 거의 없다.

1846년의 어느 날 밤, 소로는 자기 생각에 가장 극적인 방식으로 미국 정부에 저항했다. 멕시코 전쟁 비용으로 들어갈 세금을 내는 것을 거부하고 콩코드 감옥에서 하룻밤을 보낸 것이다.

"자유를 위한 피난처가 되기로 약속했던 국가의 인구 6분의 1이 노예고, 한 나라 전체(멕시코)가 외국 군대에 의해 부당하게 정복 당하고 군법의 지배하에 있는 상황에서, 정직한 사람이라면 바로 저항하고 혁명을 일으켜야 한다고 생각한다. …… 정부가 악을 처 리하는 방식이라고 내놓은 것들에 대해서는 나는 관심 없다. 그 방 식들은 너무 오래 걸려 효과를 보기도 전에 죽어버리고 말 것이다."

소로의 에세이《시민 불복종 의무에 관하여》에는 그의 정치적 견해의 정수가 들어 있다. 교육과정 지침서에는 보통 이 작품이 언급은 되지만, 언급만 하고는 이내 학생들의 관심을 자연과 숲, 시냇물에 관한 소로의 감상을 쓴 책으로 돌린다. 물론 이런 구절들은 아름답고 감동적이다. 그러나 사상사에 소로의 이름을 올려놓은 것은 이 구절이 아니다. 그를 세상 구석구석까지 영향을 미친 도덕의 원천으로 만든 것도 이 구절이 아니다.

소로에게 관심을 가지고 학생들에게 소로를 가르치기로 마음먹은 교사는 재량껏 소로의 주요 저작으로 돌아가야 한다. 그러면 학교 관리자들은 수업 시간에 덜 논쟁적인 '자연에 대한 글'만 가르치지 못할 이유가 무엇이냐고 추궁할 것이다. 그러면 교사는 자신 있고 느긋한 태도로, 소로를 세계의 수많은 비폭력 지도자들에게 지대한 영향을 미친 중요한 인물로 만든 것은 자연에 대한 글이 아니라고 대답하면 된다. 어째서 소로의 가장 중요하지 않은 면을 이야기하느라 학생들의 시간을 허비해야 합니까?

이렇게 솔직히 되묻는다면 관리자들의 의혹은 이내 사그라질 것이다. 수많은 관리자들은(당사자들은 믿기 힘들겠지만) 단지 이전에 이런 생각을 해본 적이 없었을 뿐이다. 이렇게 말하면 이들은 화를 내기보다 그저 어리벙벙해진다. 이런 경험으로 인해 나는 여러 급진적인 '음모론'에 대한 믿음을 거둬들였다. 사람들은 흔히 자신의 부모가 삶의 신조로 삼았던 허위사실을 자기도 모르는 사이에 물려받는다. 내게는 이것이 사람을 악인으로 만드는 음모론보다 더 진실에 가까운 것 같다.

앞서 이야기했듯이 이 장에서도 나는, 공립학교가 이미 위인으로 규정한 인물들의 도덕적 정수精髓를 근본적으로 재조명할 것을 제안한다. 하지만 교사는 이에 필요한 상징과 예를 찾을 때조차, 솔직히 말해 '어리벙벙'하기보다 처벌한 건수를 찾으려고 혈안이 된 적대적인 교육위원회나 학교 당국 때문에 심각한 곤란에 처할 수 있다는 것을 늘 염두에 두어야 한다. 내가 여기서 헬렌 켈러와 소로, 킹 목사 같은 이름을 언급하면서, 이들에 관해 치밀한 전략 없이 즉흥적으로 솔직하게 말해도 된다고 하면 그것은 젊은 교사들을 잘못 인도하는 어리석은 일일 것이다. 자신의 이익을 위해서는 어느 편을 들어야 하는지 너무 잘 알기 때문에 우리 행동을 위협으로 간주하는 사람들의 공격을 피할 방법을 궁리해야 한다.

어떤 관리자들은 앙심을 품거나 겁이 많다. 또 악의도 없고 아는 것도 없는 순진한 관리자들도 있다. 그러나 아주 똑똑하고 아는 것도 많아서 내심 고마워하는 우리 편 관리자들도 있다. 요컨대, 이 책에서 제기된 다른 문제들과 마찬가지로, 이 점에 대해서도 안전을 보장할 수 있는 간단한 방법은 없다.

• 덧붙이는 말
존경할 만한 인물에 대한 온갖 왜곡 또는 누락, 무력화, 배제 행위의 반대쪽에는 미국의 지도자라는 또 다른 집단이 있는 듯하다. 이들은 본래 그들의 것이 아닌 심오함과 윤리로 치장되어 있다. 킹 목사는 실제보다 덜 중요한 인물로 묘사되는 한편, 존슨 대통령은 사회정의를 위한 열정적인 운동가로, 즉 실제보다 진보적인 인물로 그려진다. 소로가 자연과 교감하는 민감한 인물로 그려지는 한편, 에머슨은 사실이 아님에도 윤리적이고 지적인 저항자로 칭송된다. 개리슨, 브라운, 프레더릭 더글러스* 등은 교과서에 아예 언급되지도 않고 자주 잊히지만 에이브러햄 링컨은 노예를 해방시켰다는 근거 없는 칭송과 존경을 받는다.

링컨의 예는 특히 나처럼 링컨을 존경해야 할 진짜 이유가 따로 있다고 믿는 사람들을 불편하게 한다. 에이브러햄 링컨이 가장 훌륭한 대통령이라는 것에는 의심의 여지가 없지만, 그와는 거리가 먼 미덕을 그의 것이라 주장하는 것은 그를 더 훌륭하게 만드는 게 아니라 오히려 그를 모독하는 일이 될 터이다. 교과서에는 그가 "용감한 영웅이자 친절하고 너그러운 신사이며 무엇보다 흑인의 자유를 위해 싸운 투사로 유명하다"고 나와 있다. 또 같은 책에서 그는 "정직한 에이브"로 불린다. 이것은 아마 진실일 것이다. 그러나 전자는 사실이 아니다.

---

*William Lloyd Garrison(1805~1879), John Brown(1800~1859), Frederick Douglass(1818~1895) 이 세 인물은 모두 미국의 노예해방운동가이다.

링컨은, 역사가들이 분명히 밝혔듯이, 모든 사람들의 권리가 평등하다고 생각했기 때문이 아니라 이 조항을 채택하는 것이 정치적으로 유리하다는 친구들의 조언이 있었기 때문에 노예해방 선언서에 서명했던 것이다. 더욱이, 그가 서명한 것은 진짜 흑인해방 운동가들이 여러 해 동안 필사적인 투쟁을 벌인 후였다. 그 진짜 흑인해방 운동가들 대다수는 흑인이었고, 흑인이 아닌 사람들은 주로 북부의 노예폐지론자들이었다. 이들이 오랫동안 위험한 투쟁을 지속하지 않았다면 링컨은 흑인을 해방시켜야 한다는 압력을 받지 않았을 것이다.

이런 진실은 학교 당국이 수업용으로 지정해준 책에는 나오지 않는다. 그러나 우리는 1800년대 미국의 정확한 역사를 밝힌 전문서적에서 얼마든지 이 진실을 확인할 수 있다. 링컨은 흑인에게 우리 사회의 부차적인 역할을 부여했다. 사실 그의 태도는 1980년대의 열성적인 인종분리주의자들과 구별하기 어렵다. 그는 흑인에게 차별 대우를 해야 한다고 생각만 한 게 아니라 실제로 입 밖에 내어 말했다. 그것도 모든 미국 교과서에 실릴 연설에서.

"저는 백인과 흑인이 어떻게든 정치적, 사회적 평등을 누려야 한다는 의견에 찬성한 적도 없고 지금도 찬성하지 않습니다. …… 백인과 흑인은 육체적으로 다르기 때문에, 사회적, 정치적으로 평등한 조건에서 영원히 함께 살 수는 없습니다. 그런 만큼 우리가 함께

사는 동안에는 우월한 지위와 열등한 지위가 있을 수밖에 없습니다. 그리고 저는 백인이 우월한 지위를 가져야 한다는 주장을 어느 누구 못지않게, 지지합니다." [18]

여러 가지 점에서 링컨은 정직한 사람이다. 그의 정직함에 대해서, 이번에는 우리가 정직해야 한다. 그는 심하게 인종차별적인 견해를 솔직하게 피력했다. 이는 아마도 대다수 흑인들이 학교 벽면에 붙인 링컨의 사진을 볼 때마다 인상을 찌푸리는 유일한 이유일 것이다.

이 나라의 고위직에 오른, 상대적으로 적은 수의 명망 있는 사람들을 소중히 기려야 할 필요가 있다. 그러기 위해서는 진짜 그들의 것임이 분명한 미덕만을 근거로 그들을 기려야 할 것이다. 물론 우리는 링컨에게서 볼 수 있는 편견과 편협한 시각은 그 당시 사람들에게는 흔한 것이었음을 한 치의 망설임도 없이 인정한다. 이런 결점이 있었다고 해서, 링컨이 우리 학생들에게 덜 중요한 사람으로 비춰지지는 않을 것이다. 오히려 그는 더 흥미롭고 더 인간적이고 더 현실적인 인물로 다가올 것이다. 그래야만 흑인 아이들과 백인 아이들 모두가 그에게 공감하고 납득하기 어려운 그의 행동을 이해하기 위해 스스로 탐구하거나, 아니면 그와 대적하기 위해 노력할 것이다.

진리는 언제나처럼 이 경우에도 우리를 자유롭게 한다.

07

"이 학생을 조심하라……"

비 밀 기 록 부

미국의 공립학교에서 사회계층화, 주입교육, 억압 등의 도구로
가장 오랫동안 사용된 것 중 하나는 '누적 기록부cumulative record'
이다. 이것은 교육기관에 등록된 4300만 학생들의 학적, 인적, 심리
적 사항을 기록해놓은 기록부이다. 키와 몸무게, 눈 색깔, 소아마비
·장티푸스·파상풍 등의 예방접종 날짜, 보호자의 주소와 전화번
호 등, 누적 기록부의 많은 부분을 차지하는 데이터는 순전히 실용
적인 중요성을 지닌다. 하지만 기록부의 다른 사항들은 학생에게
앞으로 상당히 불리하게 작용할 수 있기 때문에 해가 전혀 없다고
말할 수는 없다.

아마도 가장 해로운 것은 읽기 점수, 수학 등급, 과학 적성검사 점수 등을 비롯한 시험 점수, 특히 IQ와 관련된(적어도 관련이 있다고 일컬어지는) 점수일 것이다. IQ 점수는 이전 담임이나 학교 당국의 귀여움을 받지 못하고 야단만 맞은 학생에게는 꼬리표처럼 늘 따라붙는 위험이 될 것이다.

수많은 학교, 특히 지난 10년 동안 교사와 학생 사이에 인종적 긴장이 이어졌던 학교의 기록부에는 실로 가슴 아픈 말들이 담겨 있다. 이 말들은 흔히 이전 담임이 다음 담임에게 전해주는 조언의 형식으로 기록된다. "벤저민은 반항아가 될 가능성이 있어요. 제니퍼는 선생들을 비꼬는 버릇이 있어요. 올리비아와 수전을 조심하세요. 이들이 아이들을 제 편으로 끌어들이는 날엔 학교생활은 끝장입니다……"

지난 몇 년 사이에 공립학교에 들어온 교사들 중 이 누적 기록의 필요성을 정당화할 사람은 거의 없을 것이다. 다음의 글은 이 교사들의 생각과 제안을 반영한 것이다.

우선, 평생을 공립학교의 관리·감독에 맞서야 하는 학생들의 처지는 정부의 감시에 맞서 싸워야 하는 수많은 사람들의 처지와 아주 비슷하다. 지난 5년 사이에 수천 명의 미국 시민들은 FBI로 인한 위험이 점점 늘어나고 있다는 것을 알게 되었다. 애초에 FBI는 (우리가 배운 대로) 애국적 취지로 설립된 정부 기관이었으나, 1965년 이후 정치적 반대자들을 감시하는 기관으로 변질되었다. FBI 전 국장 존 에드거 후버는 FBI의 권력을 이용하여 시위 주동자들을 감시할 뿐 아니라, 주지하다시피 마틴 루터 킹을 위협하고 협박하기까지 했다.

누적 기록부는 FBI가 시민을 사찰하던 비밀 기록부의 교육부 버전이다. 이 기록부는 FBI의 비밀 기록과 마찬가지로 학생들 모두에게 위험할 수 있다. 그 위험은 피할 수 없는 단 하나의 사실에서 온다. 이런 기록부는 너무도 많은 이들의 현재의 삶과 앞날의 희망에 영향을 끼칠 수 있는 과도한 권력을 소수에게 부여한다는 것. 최악의 경우에는, 비양심적이거나 무분별한 학교 관리자들(특정 학생의 윤리적 태도나 정치적 성향에 위험의 소지가 있다고 생각하는 사람들)이 그 학생의 앞날을 망가뜨릴 무제한의 권한을 휘두를 수 있다. 예컨대, 지난 10년 동안 누적 기록은 학생이 지원하는 대학에 그 학생의 사상이 불온할 수도 있다고 경고하는 데 이용되었다.

실제로 학교 당국자들은 학생의 견해에 동의하지 않으면(때론 단지 그 학생이 싫다는 이유로) 그 학생이 입학하고자 하는 대학에다가 합격에 불리한 자료만을 보낸다. 최근 몇 년 간 입수된 증거에 따르면, 미국에서 가장 권위 있는 대학 중 한 곳에서 6, 70년대 학생들보다 문제를 덜 일으키고 정치에 관심이 적은 학생들을 뽑기 위해 선별 과정에서 '반항할 가능성'이 있다는 기록부의 경고를 종종 활용했다고 한다.

이처럼 학생들을 정치적으로 선별한 결과는 아주 개탄스럽다. 우선, 대학 당국은 고분고분하지 않거나 정치에 열성적인 지원자들을 입학 사정에서 걸러낸다. 4년 뒤 언론은 "요즘 대학생들은 정치에 무관심하고 조용하고 이기적이다……"라고 보도한다. 이어서 만족한 정치 지도자와 경솔한 사회학자와 흐뭇한 대학 학장은 주도면밀하게 조장된 이 활기 없는 분위기를 신기하면서도 다행스런 변화로 받아들이는 듯 "10년 주기로 순환하는 현상"인 것 같다고 말한다. 자기들이 법과 신뢰를 저버리고 조장한 이 용서받을 수 없는 상황을 두고 객관적 현상인 양 묘사하고 있는 것이다. 물론 이것이 대학생들의 침묵과 묵인을 야기한 유일한 이유는 아니다. 경제 공황도 많은 관련이 있다. 또한 언론의 왜곡 보도에도 책임이 있다. 하지만 분명하고 일차적인 이유는 그것이다.

이런 기록이 없다면 이런 일들이 일어나지 않을 테고, 그러면 이런 상황이 그토록 쉽게 조성되지는 않을 것이다.

이와 비슷한 사례들 가운데 특히 시민들이 FBI 기록에 대처하여 '접근권right of access'을 얻어냈다는 사실에서 힌트를 얻어, 교사는 반 학생들에게 누적 기록부를 공개할 수 있다. 일단 이것이 공개되면, 다른 반 교사들이 기록부에 기입하는 내용에 훨씬 더 신중을 기하게 될 것이다. 기록부를 학교 당국과 교사들만이 아니라 학생들도 읽을 수 있다는 것을 알게 되면, 교사는 단지 마음에 들지 않는 다는 이유로 특정 학생을 비난하는 것을 삼갈 것이다.

의견이 분분한 학교에서 교사들은 마침내 학생들과 기록 공개에 대한 찬반 토론을 하기 시작했다. 학교 내에 학생을 보호하는 교사가 있는 상황에서 학생들도 이런 토론에 참여하고 있다는 생각만으로도 불편해하는 교사가 있는가 하면, 개인적으로는 이런 기록부가 없어지기를 바라면서도 동료 교사들에게 괘씸한 배반 행위로 비춰질까 두려워 아무 저항도 하지 못하는 교사도 있다.

이것은 '어느 편이냐'를 선택하는 고뇌를 동반하는 것으로, 이를 피할 방법은 없다. 관습적으로 볼 때, 이런 행위는 대열에서 이탈하여 이전까지는 교사가 맞서 싸워야 할 상대로 간주되었던 자들(학생)을 편드는 행위로 여겨질 수도 있다. 하지만 교사와 학생 사이의 유대감을 위해서는 피할 수 없는 일이다. 우리가 치러야 할 대가는 동료 교사들과의 관계로, 처음에 그들은 우리를 전처럼 편하게 대하지 않을 것이다. 그러나 장기적으로 볼 때, 존경할 만한 교사라면 우리가 교실에서 학생들에게 정직하다는 이유만으로 계속 불편해하지는 않을 것이다. 이런 교사들 사이에서는 긴장과 불신이 오래 지속되지 않을 것이라고 나는 믿는다. 양식 있는 교사라면 머지않아 자신들이 두려워할 이유가 없다는 것을 알아차리게 될 것이다. 끝까지 두려워하는 교사라면 어차피 소중한 동료가 될 수 없을 터이므로 신경 쓸 필요가 없다.

이 문제의 이상적인 해결책은, (이런 행동이 현실적이고 실현가능하며 기분 좋게 성공할 가능성이 얼마쯤 있는 경우) 교장을 비롯한 전체 교사와 이 문제를 토론하여 누적 기록부가 가지고 있는 모든 문제를 재검토하고 최소한 학생 프라이버시의 존중을 위해 노력하려는 의지를 끌어내는 것이다.

이렇게만 되면 학생의 권익은 아직 완전하지는 못하더라도 상당히 증진될 것이며, 교사들의 연대감도 튼튼해질 것이다. 따라서 이 문제 외에도 앞으로 (더 위험할 수 있는) 숱한 투쟁을 예감하는 교사는 누적 기록부 문제에 대해 원칙을 고수하면서도 장차 힘과 도움이 될 학생과 교사라는 두 집단의 지지를 잃어서는 안 된다.

정직하지도 매력적이지도 않은 방법이지만, 일부 학교에서 채택한 또 다른 해결책이 있다. 각 학생에 대해 두 종류의 기록부를 작성하는 것이다. 하나는 일상적인 내용으로 비교적 해 될 게 없어서 교사의 책상이나 서류 보관함에 놓인다. 다른 하나는 전혀 일상적이지 않은 자료들, 즉 IQ 점수, 정신과의사 상담 내용, 교사의 개인적이고 주관적인 논평 등으로, 단단히 잠긴 교장실 캐비닛에 간수된다. 제2의 기록부가 있다는 것을 모르는 학부모와 학생은 당연히 열람을 요구할 수 없다. 오로지 학교 내의 친구, 이를테면 학생의 담임교사만이 학부모와 학생의 알 권리를 찾아줄 수 있는 것이다.

교육위원회는 우리가 이런 행동을 했다는 이유로 쉽게—법적으로—우리를 정직시키거나 해임할 수 없다. 이제 미국의 모든 주와 도시에서 학부모와 학생은 거의 모든 기록에 대한 이론적 접근권을 가진다.[19] 그러나 틀림없이 학교 행정당국은 이런 행동을 한 신념 있는 교사에게 비공식적으로 보복하려 들 것이다. 우리가 이미 학부모와 학생들과 확고한 유대감과 우정의 기반을 다져놓았다면 교장과 교육위원회는 이런 보복책을 사용하기에 앞서 적어도 다시 신중히 생각해볼 것이다.*

지금까지 나는 동료 교사들의 지지를 잃지 않으면서 동시에 학생들과 연대감을 형성하는 방법에 특별한 관심을 기울여왔다. 학생의 권리를 지켜주기 위한 우리의 노력이 더 진지해지고 계속될수록 동료 교사들 중 몇몇은 (적어도 한시적으로는) 우리에게서 멀어지리란 것은 거의 불가피한 일인 듯하다.

지난 해 학급 담임교사들과 세미나를 할 때 수많은 교사들이, 양심이 명하는 대로 학생에게 충실하고 학부모에게 솔직하다보면 다른 동료 교사들과 멀어진다고 토로했다. 물론 그 교사들의 말이 사실일 것이다. 하지만 우리의 행동이 진정 양심적이고 믿음직스럽다

---

* (원주) '버클리 수정그힝'이라고도 불리는 '가족 교육 권리 및 사생활 보호에 관한 법 조항'(1974)은, 양심적이고 일관되게 시행되기만 한다면 이 문제에 대한 완전한 해결책이 될 수 있을 것 같았다. 그러나 불행하게도, 여전히 기록부 때문에 피해를 보는 아이들이 많은 실정이다. '주' 19번 참조.

면 이런 어려운 상황에서 정말 좋은 교사들은 우리의 친구와 동료로 계속 남아 있을 것이라고 나는 믿는다.

다른 이의 삶을 망가뜨릴 수 있는 권력을 은밀히 즐기며 학부모와 학생의 환심을 사려는 악덕 교사들은 결국 모든 이의 신뢰를 잃게 된다. 성숙하지 못한 교사들은 간혹 이런 함정에 빠진다. 하지만 공립학교를 변화시키는 것은 이런 교사들이 아니다. 사려 깊은 저항자들은 흔히 더 천천히 움직이고, 사소한 싸움은 우회하고, 다른 이에게 불필요한 고통을 주지 않기 위해 아주 열심히 노력함으로써 결국 진정한 싸움에서 승리한다. 우리가 바라는 동료는 바로 이런 교사들이다.

08

"학생들이 다음 결론에 이르도록 한다"

교 사 용   지 도 서

공립학교 내부의 불가사의한 일을 속속들이 알지 못하는 사람들
은 '교사용 지도서'라 불리는 이상한 관행에 익숙하지 않을 것이다.

교사용 지도서는 교사가 학생들을 불가피해 보이는 결론으로 유
도하면서도 학생들이 스스로 그 결론에 도달했다고 생각하게끔 하
는 방법이 조목조목 설명된 책이다. 시판되는 각 표준 교과서마다
별개의 지도서가 딸려 나온다. 출판사는 교사나 학교가 최근 간행
된 역사, 수학, 지리, 영어 교과서를 시리즈로 선정하게 하는 수단으
로 지도서를 만든다.

지도서는 두 가지 뚜렷한 목적을 가지고 있는 듯하다.

(1) 교사가 수업 준비에 많은 시간을 할애하지 않고 수업을 할 수 있게 하기 위해.

(2) 교사를 한 가지 시리즈의 포로로 만들기 위해.

교사용 지도서는 교사의 업무를 줄여주는 한편, 매일매일 독립적이고 창조적으로 수업을 준비하면서 느끼는 만족감을 몰수해간다. 지도서는 언뜻 보기엔 교사의 친구인 것 같지만, 우리의 직업이 우리에게 여전히 허용하는 유일한 지적 자존감, 즉 독자적이고 열정적이고 기발한 창조의 활기를 서서히 박탈한다. 우리는 매일 아침 읽기 수업을 어떻게 진행할 것인지, 매일 오후 영어 수업 시간에 무엇을 할 것인지 구상하는 일을 중단하게 된다.

우리는 깔끔하고 간편한 '검증된' 학습지도안 세트를 얻고, 이 진부한 교과서를 아이들에게 사게 한다. 다시 말해, 지도서는 교사에게 시리즈를 팔고 교사는 반 아이들에게 교과서를 판다. 갈수록 치밀해지는 유혹의 사슬이다. 결국 우리는 책 가장자리에 빨간 글씨로 조그맣게 인쇄된 주석 — 어느 먼 도시의 무명의 전문가가 제안해놓은 — 에 중독된 가련한 사람이 된다. 이 전문가가 우리가 알아볼 만큼 명성 있는 사람인 경우는 거의 없다. 이 지도서는 눈에 잘 띄지 않는 이류들의 작업물이다.

하지만 교사에 대한 모욕은 문제의 사소한 부분에 불과하다. 가장 우려스러운 부분은 우리 학생들이 받은 상처와 모욕이다. 지난

5년 동안 나는 다른 교사들과 함께 이 지도서를 오랜 시간에 걸쳐 철저히 연구했다. 역겨운 지도서들 중 몇 종은 거대 교과서 출판사 스콧 포스맨이 발간한 것이었다. 스콧 포스맨은 내가 교사였던 시절에 예상 독자층에 따라 두 가지 판본, 즉 다인종 삽화를 넣은 것과 흑인이 전혀 나오지 않는 두 판본으로 제작하여 배포할 만큼 약삭빠른 회사다. 그 후 흑인이 나오지 않는 판본은 단계적으로 자취를 감췄다고 들었다.

대부분의 지도서는 학생들이 특정 이야기, 시, 개념 등을 어떻게 느낄 것인지(어떻게 느껴야 하는지) 자신 있게 예견한다("아이들이 3연 6행 '쩍쩍 갈라지는 자갈 같은 마음'에 나타난 심상心象의 특별한 아름다움을 알아보고 이해할 수 있도록 지도한다. 더불어 직유법에 대해 설명한다").

위의 예는 그래도 학생의 마음과 정신에 심각한 해를 끼치지는 않는다. 오히려 아둔하고 좀 따분하고 부정직한 시간 낭비에 해당된다(학생이 이것이 "아름다운 심상"도 아닌 데다 너무나 슬픈 시에는 어울리지 않는 심상이라는 것을 알아챌 만큼 영리하다면 어떻게 할 것인가?). 교사용 지도서의 정말 위험한 부분은 정치 및 시사 영역에서 아이들을 '논리적인' 결론으로 이끄는 방법을 설명하는 부분이다. 이 논리적인 결론의 대부분은, 우리가 너무나 잘 알고 있는 것처럼, 미국에 대한 맹목적 충성, 미국 경제 시스템의 장점 인식, 사회주의 이상을 고수하는 국가들에 비해 높은 미국의 위상과 중요성, 영향력 등과 연관이 있다.

수많은 교사들은 이제 더는 이런 지도서 때문에 자신의 지식과 심미안을 부정하지 않으려 한다. 그러나 또 다른 교사들은 개인적으로 선택할 수 있는 상황이 아니라고 생각한다. 즉 교사들은 교사용 지도서를 사용하여 규칙에 따라 수업지도안을 만들지 않으면 다루기 힘든 반항적 교사로 찍혀 강등이나 정직이나 해임을 당할 위험을 무릅써야만 하는 상황인 것이다. 교사용 지도서를 사용하지 않을 수 없는 교묘한 상황을 잘 인식하고 있는 창의적인 교사들은 독창성과 기지를 발휘하여 나름의 방법을 찾아냈다. 아주 간단히 말하면, 아이들을 지침서에 나온 결론으로 유도하지 않는 것이다. 이를 위해 이 교사들은 요령껏 지침서 한 부를 아이들이 볼 수 있는 곳에 비치해둔다.

이 이야기를 전해 들은 학교 당국은 십중팔구 우리의 이런 행동을 프로답지 않다고 비난할 것이다. 그러면 교사는, 아이들은 자신들의 머리에 지식과 사상이 주입되는 과정을 상세히 알 권리가 있다고 솔직하게 대답함으로써 확고한 태도를 보여야 한다.

교사가 공격적인 말투를 삼가고 상대가 어느 정도 용인할 수 있는 태도를 갖춘다면 큰 저항 없이 일을 해결할 수 있을 것이다. 이런 논쟁에서 교사의 태도는 만족스런 결과를 얻는 데 결정적 요소로 작용한다. 상대가 적대적으로 나오리라 예상하면 확실히 그들의 눈에도 우리는 적으로 비춰질 것이다. 반면에 '이해심 많은 동료 교사들은 동의해줄 것'이라는 온화한 태도는 동료 교사들을 설득하는 아주 매력적인 방법이다. 그러나 불행하게도 나는 교직을 시작한 첫 해에 목표를 이루기보다는 '입장을 고수'하는 데 더 열심이었다. 우리의 목표가 이 최악의 값비싼 교재에서 기만적 요소를 걷어내는 것이라면 우리가 교장을 바보 취급한다는 인상을 주는 것은 아무런 도움이 되지 않는다.

이 교사용 지도서를 본 학생들은 대부분 여러 권 얻을 수 있는 방법을 교사에게 물어본다. 네브래스카 주의 어느 교사는 이 학생들을 교장에게 보냈다고 한다. 교장이 자기 권한 밖의 일이라고 하면, 교사는 아이들을 다시 교육위원회에 보낸다. 이 책을 구입하겠다는 학생들을 교육위원회가 어떻게 돌려보내는지는 알 수 없지만, 어쨌든 거절당한 아이들한테는 출판사에 직접 주문하는 방법을 알려줄 수 있다(물론 지도서 몇 권을 아이들에게 빌려줄 수도 있다). 일단 아이들이 지도서 여러 권을 수중에 넣게 되면 아이들을 도와가며 특정 부분을 검토하고 복사하여 반 아이들에게 나눠주는 일이 더 쉬워진다.

문학 교과 지도서의 경우 그 결과는 단지 우스꽝스러울 뿐이지만, 역사와 정치 같은 교과목에서 그 결과는 실로 심각하다. 아이들에게 스스로 생각하고 성찰하며 세상을 바라보는 나름의 시각을 갖도록 해줘야 할 학교나 책이, 이미 정해진 결론 쪽으로 교묘하게 아이들을 유도했다는 것은 불편한 사실이다. 게다가 이 논리적인 결론이라는 것이 거의 매번 미국인의 삶과는 다른 삶은 모두 실패—'실망스럽다'는 고상한 표현을 쓰고 있지만— 라는 것을 보여주는 것일 때 훨씬 더 불편해진다.

이 점에 대해 내가 제안한 여러 방법들은 비교적 온건하고 법의 테두리 내에 있는 게 확실하지만, 그럼에도 불구하고 여러 차례 학생들의 격렬한 반응을 불러일으켰다. 조지 워싱턴과 베치 로스 이야기만큼이나 지루하고 구태의연한 교사용 지도서도 내가 제안하는 방법대로 하면 학생을 세뇌하고 통제하는 도구 한 가지를 무력화하는 상당히 효과적인 방법이 될 수 있다.

일부 교사는 교사용 지도서를 수업에 활용하기도 전에 반 아이들이 샅샅이 살펴봤다는 것을 알고 불편해한다. 이는 누적 기록부의 경우와 유사하다. 그러나 대다수 교사들은 그렇지 않다. 교사들은 사람들이 생각하듯 그렇게 진부하고 획일적이지 않다. 솔직히, 수많은 교사들은 교사용 지도서 같은 수상쩍은 자료를 학생들에게 공개하는 것을 다행으로 여긴다. 학급 학생들이 무엇을 '질문'하고 무엇을 '발견'할지 미리 다 알고 나서 진행하는 수업에서는 새로운 것을 발견할 가능성이 전혀 없다. 이런 수업에서 커다란 기쁨이나 만족을 얻는 교사는 거의 없다.

수십 년 동안 교사들은 이런 식으로 창의적이고 독창적인 자신만의 수업을 설계하는 뿌듯함뿐 아니라 예기치 못한 것을 알아내는 지적 발견의 기회도 누리지 못했다. 일요일 오후, 교사는 수요일 오전의 영어나 사회 수업에서 학생들이 발견할 지루한 개념을 학습지도안에 미리 적어놓는다.

이 모든 일에는 두 가지 비극적 요소가 있다.

이런 과정에 의해 교사의 직업적 가치는 기술적 중개자로 축소된다. 정치적인 면에서는, 현 정권의 정치적 의도에 맞춰 자신의 하잘것없는 재능을 발휘한 교과서 저자들의 앞잡이로 전락한다.

예전에 나는 캘리포니아 주의 사회과 지도서에서 이런 지시사항을 본 적이 있다. "자유롭고 개방적인 토론을 통해, 학생들이 중공 Red China의 사회주의가 실패한 다음 여섯 가지 이유를 알아내도록 한다."

이런 표현은 교과서 집필자가 미국의 정치권에서 통용되는 용어를 무비판적으로 받아들이고 있음을 보여준다. 10년 뒤 '중공'이라는 말은 자취를 감췄다. 닉슨 대통령이 상하이 활주로에 발을 디딘 이후 중국은 제 이름을 되찾았던 것이다. 현재 그 교사용 지도서는 틀림없이 다른 적당한 악마를 찾아, 또 다른 마르크스주의 국가에 적의를 표출하고 있을 것이다. 거기에는 또 미국 정부가 못마땅하게 여기는 이념 체제의 실패 이유를 일곱, 여덟, 또는 열여덟 가지로 정리할 수 있도록 학생들을 가르치라고 나와 있을 것이다.

그러나 그 비난조의 이름은 가장 사소한 문제에 속한다. 교사에게 가장 큰 모멸감을 주는 것은 수업이 조작되고 있다는 사실이다. '여섯 가지 이유'를 알아내기를 거부하는 까다로운 아이를 만나면 어떻게 할 것인가? 네 가지 이유만을 이야기하거나 세 가지뿐이라고 뻗대는 아이는 또 어떻게 할 것인가? 어떤 딱한 아이가 '중공'의 사회주의는 실패하지 않았다는 엄청난 말을 한다면?

교사용 지도서를 사용하는 교사에게, 지도서에 설명된 예측 가능한 패턴을 깨트리는 학생은 하루의 수업을 방해하는 뜻밖의 걸림돌이 된다. 오래전부터 이 어리석은 교사용 지도서를 사용해온 교사는 골치 아픈 상황에 놓이게 된다. 비협조적인 학생은 그 교사는 물론 교사용 지도서에 의존하지 않는 교사에게조차 원수가 된다. 교사용 지도서가 교사와 학생(특히 뜻하지 않은 일을 벌이는 엉뚱한 학생) 사이에 벽을 세운다.

가르치는 일의 가장 큰 즐거움 가운데 하나는, 우리 자신은 물론 아이들도 전혀 생각 못한 놀라운 일이 언제든 일어날 수 있다는 것이다. 스콧 포스맨의 지시에 따라 수업을 하면 깜짝 놀랄 일을 만나는 기쁨이 완전히 사라지고 만다. 그러면 교사는 급속히 활력이 떨어져 권태롭고 무기력해지며, 일상의 행복을 상실하게 된다.

그 못지않게 교사를 낙담시키는 것은 교사와 반 아이들 간의 대화 상실이다. 치밀하게 단계별로 계획된 상황에서 대화는 이루어질 수 없다. 기껏해야 '분열된 독백' 같은 기이한 현상이 생길 뿐이다. 대답이 아이들의 입에서 나온 것처럼 보여도 실은 교사가 질문하고 교사가 대답하는 것이다. 실제로 지도서에 나온 대본을 토대로 교사가 학습지도안을 작성하면 그것을 교사와 학급이 조화롭게 읽어나간다. 그러나 사실 이 모든 것은 한 사람이 말하고 있는 것이나 다름없다.

전국적으로 표준화되고 미리 정해진 이런 독백이 참된 교육의 대화법인 양 위장된다. 이는 게임 당사자들 모두를 모욕하는 행위이지만, 결과가 이미 정해졌는데도 웃으며 참여해야 한다는 것을 아는 교사에게 가장 큰 모멸감을 안겨준다. 수많은 교사들이 이런 표준화된 지도서를 완전히 무시하거나 내가 제안한 전복적인 방법을 사용하는 것도 놀랄 일은 아니다.

일단 우리 학생들이 교사용 지도서 한 부 전체 또는 최소한 일부라도 복사하여 책상 위에 펼쳐놓고 있으면, 지도서를 아주 새로운 목적으로 활용할 수 있다는 것을 돌연 깨닫게 될 것이다. 지도서는 이제 학생들을 미리 정해진 곳으로 이끌려는 교묘한 조작이 아니라, 교사와 학생들이 바로 그 조작이 어떻게 이루어지는지 연구하는 도구가 된다. 심미적, 또는 이념적 통제를 위해 만들어진 것은 이제 그 체제의 포장을 완전히 벗겨내는 수단으로 사용된다. 교사용 지도서는 '이데올로기 발굴'의 대상이 된다. 교사와 학생은 마치 진지한 인류학자처럼 손상되지 않은 귀중하고 온전한 진흙 조각을 면밀히 조사함으로써 공립학교라는 기이한 사회를 해석한다. 우스운 것들도 많지만, 윤리적인 분노와 정신적 각성을 일으키는 부분도 많다. 수많은 교사들의 경우, 이런 일을 해낼 때 그들이 느끼는 해방감과 안도감은 학생이 받는 것보다 훨씬 더 클 것이다.

위에서 말한 모든 사실에도 불구하고, 여러 해 동안 이런 책을 사용해온 수많은 교사들은 위협을 받고 있다고 느낄 것이다. 우리가 너무 오랫동안 견뎌내야 했던 그 우스꽝스러운 불합리를 보면서도 전혀 웃지 않을 이 사람들은 심지어 우리를 배신자라고 비난할지도 모른다.

이런 일이 일어나면 누군가는 곤경에 처하거나 적어도 불쾌해하겠지만, 공립학교의 표준화된 기만성이라는 윤리의 문제는 학급 토론을 전에 없이 활발하게 만들 뿐만 아니라 교사들 사이에서도 유익한 토론을 일으킬 것이다. 분명, 교과서 출판업자와 교육위원회와 교실 사이에는 아주 심각한 기만이 실제로 일어난다.

문제는 이것이다. 교육위원회, 출판업자, 학생, 이 세 당사자들 중 이런 부정행위를 저지르는 자는 누구인가?

0 9

아래로부터의 역사

학생들이 직접 만드는 교과서

대담하게도 공립학교가 지정해준 책을 비판하는 아이는 흔히 이런 대답을 듣게 된다. "그럼 네가 직접 더 좋은 책을 만들 수 있는지 보자."

이에 오기가 발동한 수많은 교사들은 지난 몇 년 동안 교장과 교육위원회의 예상을 뛰어넘는 상상력을 발휘해왔다.

사실 학생이 집필한 교과서는 새로운 것이 아니다. 뭔가 위기가 있을 때는 이런 교과서가 만들어져왔다. 비록 기존 교과서와 크게 다른 점은 없었지만. 내용은 더 나아졌지만 형식은 거의 변함이 없었다. 1960년대 민권 운동가들은 조지아 주, 앨라배마 주, 미시시피

주 등에 설립된 수백 개의 '자유 학교'에 다니는 학생들을 위해 이런 교재를 편찬했다. 딕과 제인*의 이야기가 아닌 흑인의 투쟁과 저항 이야기를 직접 활용하여 아이들에게 읽기를 가르치는 책이었다. 그 책의 제목이《자유 독본The Freedom Reader》이었음은 놀랄 일이 아니다. 노동조합원들 또한 오래전부터 그들 스스로 반反교과서 counter-textbooks를 만들어왔다. 최근에 위스콘신 주 고등학생들이 이와 비슷한 생각을 하고 이 일에 매달리기 시작했다.

학생들과 함께 이런 프로젝트를 시작하려는 교사들은 표준 교과서에서 자주 왜곡하는 게 무엇인지 먼저 조사해야 한다. 출판업자들이 집어넣은 분명한 허위사실뿐 아니라 그들이 빼버린 본질적인 진실 또한 궁극적으로는 기만에 해당된다. 중요한 점은 기존의 교과서를 수정하는 일 이상을 해야 한다는 것이다. 누락된 사항을 복원하는 것도 중요하다.

학생들이 통상적으로 배우는 역사는 진짜 역사가 아니다. 그것은 일을 하고 고통을 당하고 피해를 입는 사람들의 역사가 아닌, 돈과 권력과 기쁨을 누리는 특권자들의 역사다. 대체로 (공립학교에서 배울 수 있는) 역사는 왕과 정치인, 설립자, 브로커, 은행가, 과학자, 예술가, 작가, 발명가, 때론 정복자와 살인자 등 유명한 인물의 태도

---

* Dick and Jane 한국의 '철수와 영희'에 해당함.

와 행동을 끝없이 나열해놓은 목록에 지나지 않는다.

전쟁사는 장군과 제독의 용감하고 영리한 전략이 주를 이룬다. 전방에 있는 2천만 군인의 삶과 죽음에 관한 내용은 거의 없다. '국제관계사'는 늘 통치자나 폰 리벤트로프,* 몰로토프,** 존 포스터 덜레스*** 같은 대리인들의 대결과 협상으로 기술될 뿐, 이들이 통치하는 나라에 살고 있는 교사와 학생, 운동가, 군인, 목수, 석탄배달원, 일용직 노동자 등 9억 명의 사람들이 경험하는 삶과 투쟁에 관해서는 거의 언급되지 않는다. 대개의 경우 미국사는 4년마다 치러지는 선거에 대한 무미건조하고 따분하고 반복되는 설명과, 아무리 무능하고 부정하고 진부한 대통령이었어도 각 대통령의 이른바 '주요 업적'을 뒤이어 기술해놓은 것에 지나지 않는다.

그러므로 수많은 학생 교과서 필자들은 독립적인 교과서를 만들기 위한 첫 단계로 선거 중심의 4년 단위 기술 방식을 거부한다. 그래서 부유한 후보자—또는 부자들에 의해 지명된 후보자—중에서 한 명을 골라야 하는 알맹이 없고 현실과도 거리가 먼 선거, 애초부터 아무런 정보도 가지고 있지 않은 대중에게(예비선거조차 가장

---

* Wilhelm Joachim von Ribbentrop(1893~1946) 나치 독일의 외교관이자 정치인. 뉘른베르크 재판을 받고 교수형에 처해졌다.

** Vyacheslav Mikhailovich Molotov(1890~1986) 러시아의 외교관이자 정치인. 1920년대 스탈린의 충실한 지지자였다.

*** John Foster Dulles(1888~1959) 미국 아이젠하워 대통령 재임시절 미 국무부장관을 지낸 정치가이자 반공주의자.

돈이 많은 후보자의 금권력과 선거운동원들에 의해 결정된다) 합법적이고 타당한 양자택일이라 선전하는 선거를 중요한 일인 것처럼 치장한 포장을 벗겨낸다. 그럼으로써 학생들은 자신들이 훨씬 더 중요하게 생각하는 사람과 사건에 대해, 예를 들면 학자들이 '침묵하는 빈민들silent poor'이라 부르는 사람들의 관점에서 기술할 널찍한 공간을 확보한다. 이런 식으로 그들은 처음부터 위로부터의 이야기가 아닌 아래로부터의 이야기를 할 준비를 한다.

• 미합중국의 입장에서 본 영웅적인 서부개척의 역사가 아닌 북아메리카 원주민들만 살해되고 착취당했던 역사.

• 월섬 시계회사의 역사가 아닌 월섬 여성들의 역사, 철강·석탄·철도 등 국제 노동자의 역사, 국제여성의류노동조합의 역사.

• 많은 보수를 받는 장군과 그들의 영웅적 행위의 역사가 아닌, 그 장군들이 본부에서 호화스런 연회를 여는 동안 목숨을 내걸고 싸우는 전방 군인들의 역사.

• 고속 터빈열차, 연방법원의 '기념비적' 판결, 부자들의 병원에서 개발한 '획기적 돌파구' 등의 측면에서 본 교통, 법률, 의료의 역사가 아닌, 로스앤젤레스, 시카고, 사우스브롱크스 등 빈민거주지의 높은 사망률과 혼잡한 병원 등에 관한 기록.

• 연방법원의 저명한 판사들이 아닌, 앨라배마 주 법원의 순회재판 판사에 의해 집행된 재판절차의 역사. 비행기 여행이 아닌 버스와

열차와 히치하이크 여행의 역사. 사진 속 잘생긴 앤드루 카네기, 존 록펠러, 헨리 포드의 관점에서 기술한 사업, 이윤, 생산의 역사가 아닌 노동, 돈, 돈의 진짜 출처, 이를테면 돈은 어디서 나오는가, 돈을 창출하는 자는 누구인가, 돈을 소유하고 누리는 자는 누구인가 등을 중심으로 기술한 산업의 역사.

여기서 문제는 허위의 역사를 반박하는 것만이 아니다. 사진가들이 말하는 '시선 각도'처럼 교과서를 기술하는 관점 또한 중요하다. 근래의 가장 혁신적인 교과서들조차 흑인 노예에 관해 말할 때 여전히 노예의 입장이 아닌 남부 학자들이나 북부 평론가들의 태평한 관점에서 기술되고 있다. 부당한 관습들에 관한 역사가, 그 관습을 유발하고 기획하고 거기서 이익을 얻는 자들의 대학, 도서관, 또는 호텔 발코니에서 기술되었다. 그러므로 그것은 절박함과 필요, 분노의 목소리가 아니라 기껏해야 친절과 동정, 개선의 목소리로 기술된다(지난 10년간 중요한 예외에 해당하는 책 몇 권이 출간되었지만, 이런 책들은 다루는 주제가 매우 한정적인 데다, 여하튼 공립학교에서 채택되지 않는다).

공립학교에서 가르치는 역사는 위에서 아래로 향하는 시선으로 기술된 역사다. 보통사람은 느낄 수 없고 살아낼 수 없고 기술할 수 없을 그런 역사다. 그러므로 학생들이 정말 흥미로운 책을 만들 수 있도록 도와주고 싶은 교사는 학생들이 가난한 이들의 투쟁의 역사와 증거자료와 목소리를 찾도록 엄청난 노력을 기울여 도와야 한다.

학생들이 집필한 교과서가 장군과 백만장자, 여왕과 왕 이야기의 수준을 넘어서기 바란다면, 교사는 학생들이 (모든 역사의 토대를 이루는) 실제 삶이 반영된 보통사람들의 이야기를 찾아내고 기록할 수 있도록 물심양면으로 도와줘야 한다. 특히 여성이나 소수집단에 관한 글을 쓸 때 그렇다. 앵글로색슨 남성들이 현재 학교 커리큘럼의 대부분을 차지하고 있는 것에 맞서는 방법으로, 우리는 흔히 유명한 흑인이나 여성들을 가능한 한 많이 찾아서 그들의 이름과 업적을 나열하고 칭송함으로써 이제까지의 오류를 만회하려 한다. 그러나 우리는 똑같은 방식으로 유명한 사람, 칭송을 받은 사람, 위대한 흑인, 탁월한 열정, 명성, 또는 재치를 갖춘 여성의 이야기를 쓰고 있는 것이다. 보통사람들의 이야기를 쓰고 있는 게 아니다.

특히 여성에 관하여 쓸 때 역사를 진정으로 복원하고자 한다면 노동력 착취의 현장에서 일했던 사람들, 가내공업의 근간이 되었던 사람들, 산파였거나 다른 산파를 육성하기 위한 학교를 운영했던 사람들, 그리고 1800년대에 도주 노예들을 위한 거의 알려지지 않은 (한때 금지된) '지하 학교underground schools'를 운영했던 사람들을 면밀히 살펴봐야 한다.

이들은 백악관에 초대되었거나 대대적인 시위운동을 이끌었거나 감동적이고 유명한 명연설을 했던 여성들이 아니다. 그러나 이들이 없었다면 이들을 이끌었던 지도자 어느 누구도 우리의 주목을 받지 못했을 것이다. 이들의 삶과 말은 내가 '아래로부터의 역사'라 일컫는 것의 근간을 이룬다. 나는 '아래'라는 말을 '초라하지만 괜찮은' 같은 뜻으로, 다시 말해 생색내듯 젠체하는 태도로 쓰는 게 아니다. 당대의 모순을 해결하기 위한 투쟁에서 선각자, 운동가, 투사, 농민, 노동자였던 여성을 뜻하는 것이다. 아직 살아 있는 노인들은 자신의 어머니와 할머니의 이야기를 들려줄 수 있다. 학생들은 이런 이야기를 녹음하고 옮겨 적은 뒤 편집할 수 있다.

표준 교과서의 편견을 제대로 인식시키기 위한 투쟁의 초기 단계에서 해야 할 일은, 편향적인 단어나 문장의 영향력을 이해시키기 위해 학생들과 함께 수많은 교과서에 적혀 있는 말들을 면밀히 조사하는 것이다. 학생들은 전통적인 교과서 집필자가 편향적인 언어를 사용하고 있다는 것을 알아채면 스스로 편향된 언어를 사용하는 법을 터득하기 시작한다. 다만 다른 관점으로.

교사는 학생들에게 비편향적 언어로 글을 쓸 수 없다는 것을 보여줘야 한다. 모든 말에는 어떤 편견이 스며 있기 마련이다. 비록 그것이 자아를 너무 많이 포기해버려 어떤 것에도 강렬한 감정을 느끼지 못하는 사람이 편견에 불과할지라도 말이다(이런 사람들의 편견은 '굴복의 편견'이다). 반 학생들이 이런 주장에 이의를 제기한다면, 학생들에게 사회변혁이나 정치 같은 주제를 가지고 어느 한쪽으로 편향되지 않은 진술을 해보라고 하면 흥미로울 것이다.

편향된 단어의 명백한 예로는, 앞에서 잠깐 언급했던 '급진적 radical'이라는 말을 들 수 있다. 학교에서 이 형용사는 '자유주의적 liberal'이라는 건전한 말에서 편향된 위험한 단어로 간주된다. 이 말을 올바로 되돌려놓는 것은, 학생이 원한다면, 학생의 재량에 달려 있다. 대부분의 다른 교사들보다 더 대담해 보이던 어느 고등학교 교사가 자유주의자는 "급진주의자가 한 일에 동의한다고 말하면서도 그 일을 직접 하려 하지는 않는 자"라고 말하는 것을 들은 적이 있다.

앞에서 살펴보았듯이, 많은 교사들은 교실에서 이런 말을 꺼내고 싶어하지 않는다. 반 아이들에게 너무 많이 말하는 것을 꺼리면서도 교과서의 편견을 알려줘야 한다고 생각하는 교사들은 흔히 위에서 내가 설명한 방법을 쓰기도 한다. 즉 이 책에서 언급된 많은 이슈들이 제기될 수 있도록 이데올로기적 역사적 자료들을 광범위하고 다양하게, 그리고 편중되게(불가피하다) 제시하는 것. 또 다른 교사들은 교사들이 왜 직접 터놓고 말해서는 안 되는 것인지 그 이유를 모르겠다고 말한다. 나는 교사가 왜 두 가지 방법 중 하나를 '선택'해야만 하는지, 즉 두 방법을 같이 쓰면 왜 안 되는 건지 모르겠다. 중요한 것은, 어떤 방법을 쓰든, 학생들이 그때껏 한 번도 생각해보지 않았던, 그리고 외부의 도움이 없었다면 생각할 기회조차 갖지 못했을, 익숙한 표현에 스민 왜곡과 기만을 지각하도록 학생들의 정신을 분발시키는 것이다.

앞에 인용한 그 고등학교 교사는 반 아이들에게 이렇게 말한다. "역사에서 되풀이하여 위기가 닥칠 때마다 자유주의자는 급진주의적 동료에게서 등을 돌리는 경향이 있단다." (많은 이들이 그러듯) 학생들이 이 말에 이의를 제기하면, 그는 이렇게 말한다. "무엇이 진실인지 조사해보지 않을래? 우선 히틀러가 권력을 잡았을 때 독일 내부의 자유주의자의 행동부터 조사해보자."

학생들이 여전히 회의적이라면 교사는 조 매카시가 정권을 장악했을 때 미국 내 자유주의자의 행동에 대해서도 조사해보자고 제안한다. "오늘날 국영 TV 방송국의 여러 저명한 뉴스 기자들은 자신의 일자리를 지키기 위해 급진적인 친구들을 고발했다." 이런 신랄하고 비중립적이고 논쟁적인 말을 하면 교실은 당장 논쟁이라도 붙을 것 같은 흥미진진함으로 가득 찬다. 어떤 파문이 일든, 학급 토론은 결코 지루해지지 않을 것이다.

반反교과서를 스스로 집필하려는 학생들이 초기에 거쳐야 할 또다른 단계는, 교과서의 허위와 누락, 편향된 단어뿐 아니라 형식(교과서의 익숙한 구성방식) 또한 검토하는 것이다. 예컨대, 대부분의 학생들은 '절'과 '부', '단원'과 '소단원'에 너무 익숙한 터라 이런 복잡한 형식을 쓰지 않는 것을 어려워한다. 표준 교과서의 형식 중에는 필요한 것도 있다. 색인은 유용할 때가 많고, 특히 과격하고 무모한 견해라는 비난에서 학생들을 보호하려면 주석을 싣는 것이 현명한 일일 것이다. 하지만 표준 교과서의 '단원'과 '소단원'은 전혀 다른 문제다.

이 사안에 대해서라면 교사는 아주 직설적으로 기탄없이 학생들과 이야기할 수 있다(공립학교나 FBI에 있는 어느 누구라도 경계할 주제가 아니니까). 교사는 학생들의 좋은 생각을 상자나 컨테이너에 가둬놓을 필요가 없다는 것을 알려줘야 한다. 내용이 표류하거나 때론 겹칠 수 있다는 것도 알려줘야 한다. 또한 중요하다고 여겨지는 핵심사항은 열 번이든 열다섯 번이든 반복해서 언급할 수 있다는 것도 알려줘야 한다. 두 쪽 반마다 삽화를 넣지 않아도 되며, 삽화 없이 다섯 쪽이 넘어갈 수도 있고, 접어 넣은 사진, 만화, 도안들이 연거푸 이어질 수도 있다는 것을 알려줘야 한다.

위의 모든 내용은 반 아이들과 교사가 교과서를 단 한 권으로 만들 계획이라고 가정하고 쓴 것이다. 그러나 반드시 그래야 할 이유는 없다. 수준과 형식, 크기와 권수를 조금씩 달리하여 수백 종의 교과서를 기획할 수 있다. 예컨대, 각 주제 별로 여러 권을 만들 수도 있고, 더 어린 학생들을 위해 급진적인 만화책을 만들 수도 있다. 또는 전례 없는 새로운 책을 쓰는 법에 관한 책, 지역 이슈만을 다룬 책, 표준 교과서의 전국적 요구에 따르지 않고 대신 하나의 지역, 하나의 계절만을 집중적으로 다룬 책 등이 있을 수 있다.

최종 결론. 수많은 학생들은 자신만의 교과서를 만들 때조차 자신의 생각을 분명하게 열성적으로 드러내기를 꺼린다. 대다수 교사들의 주저와 망설임, 거리낌이 전염되었기 때문이다. 하지만 이런 망설임을 뛰어넘는 학생들도 있다. 이들은 자신의 책을 자신만의 시각으로 아주 솔직하게(때론 격하게 때론 신랄하게 때론 비꼬며) 쓴 글로 가득 채운다. 이들은 또한 제목을 커다랗게 박고 우스꽝스럽고 기발한 헤드라인으로 자신의 '편견'을 광고한다.

이런 헤드라인의 유일한 목적은 표준 교과서의 위장된 중립적 시각에 도전하고, 이를 비껴가고 심지어 조롱하기 위한 것이다. 그러므로 어떤 교사가 학급 학생들이 만든 책을 보고 '한쪽만' 이야기하는 것 같다고 말하면, 학생들은 당연히 그렇다고 솔직하게 대답해도 된다. 다른 쪽에 관해서는 원하기만 하면 교실 벽에 나란히 꽂혀 있는 교재를 비롯하여 TV, 신문, 잡지 등에서 얼마든지 얻을 수 있다. 한쪽의 관점에서 기술했다고 정직하게 이야기하는 것이 나중에 비난을 받지 않을 최선의 방책이다.

"당연히 우리 입장을 이야기했어요. 그게 바로 우리가 이 책을 쓴 이유거든요."

10

"가난한 아이들이 우리와 무슨 상관 있어요?"

사 회 정 의 와   진 실   앞 에 서

앞의 세 장에서 언급한 세 가지 사실(누적 기록부, 교사용 지도서, 학생 집필 교과서)은 모두 학교생활에 속하는 것이었다. 이 장에서는, 깊은 숙고의 결과 교사와 학생 모두를 학교 울타리 너머 세상으로 이끄는 행동에 대해 이야기해보자.

그러나 우리 교사가 학생에게 학생 자신의 신념에 따라 행동하라고 하는 것과, 우리 자신의 윤리적 신념에 따라 나가서 행동에 옮기라고 하는 것은 다른 문제다. 만일 우리 교사들이 이렇게 말하는데서 그친다면 곤경에 처할 위험이 훨씬 줄어들 것이다. "학생들은 자신의 열정적 신념에 충실해야 하고 자신의 윤리를 살아 있는 신념으로 바꿀 수 있어야 한다." 이것은 편리한 말이기는 하지만 정직한 말은 아니다.

사실 교사는 '살아 있는 신념'을 추상적인 미덕으로 간주하기보다는, 특정한 도덕적 명령과 구체적인 인간의 필요라는 맥락에서 바라봐야 한다. 많은 경우 이 명령과 필요는 우리 학생들을 불편하게 하고 내면에 윤리적 동요를 일으켜 때론 분노하며 때론 눈물을 흘리며 집으로 돌아가게 할지도 모른다. 이런 일이 일어나면 교사는 학부모의 항의와 이웃주민의 우려, 학교 당국자의 걱정을 들을 각오를 해야 한다.

교사가 학부모와 사전에 폭넓은 관계를 다져놓았다면 교실에서 이런 발언을 하는 위험은 감수할 만하다고 생각한다. 하지만 교장과 동료 교사들까지 우리를 지지할지는 알 수 없다. 물론 공립학교에서 상당히 도발적인 발언을 하고 학생들에게 "일어나서 무언가를 해야 한다"고 촉구하면서도 학교 내부는 물론 외부의 비난에도 꺾이지 않는 용감한 교사들이 많다.

가장 흔한 반박 가운데 하나는 어린아이들에게 '위험한 죄책감'을 불러일으키는 것이 과연 현명한 일인가 하는 것이다. 관습에 충실한 의사들— 특히 관습에 충실한 정신과의사들—은 정직한 죄책감, 꾸밈없는 양심, 악몽 같은 것들은 불건전할 뿐 아니라 (어쩌면) 신경증적 징후라는 통념을 거듭 재생산한다. 게다가 우리 사회는 이런 불편한 감정을 불러일으키는 교사를 가장 심각한 신경증 환자로 간주한다.

이런 주장이 우려스러운 것은—장기적으로 볼 때 가장 경악스러운 것은—오로지 죄책감만이 건전한 반응일 수 있는 상황은 절대로 존재하지 않는다고 속단하게 한다는 것이다. 이것은 또한, 불행히도 동일한 이름으로 불리는 아주 상이한 두 종류의 죄책감을 구분 짓는 합리적이고 실제적인 차이를 망각하게 한다. 하나는 개인을 수치심과 두려움으로 긴장하고 겁먹은 채 살아가도록 속박하는 죄책감이고, 다른 하나는 고통과 격분에 이어 개인의 자아해방감을 경험하게 하는 것으로 신경증적 구속으로 작용하기보다 열정적이고 반성적인 행위로 인도하는 죄책감이다. 이것은 개인을 강제하고 구속하는 게 아니라, 개인의 어마어마한 성장과 새로운 인식을 불러일으키는 촉매제의 역할을 하는 감정이다.

학생을 불편하게 할지도 모르는 사안(부유한 집 아이를 위협할지도 모르는 사안) 가운데 가장 고통스러운 것은 우리 사회에 살고 있는 사람들의 물질적, 심리적 시련에 대한 우리의 책임 문제다.

이 논제로 학급 토론을 시작할 때 대개 학생들은 지극히 방어적인 입장을 취한다. 학생들은 "빈민가 아이들의 삶과 죽음이 우리와 무슨 상관이 있나요?"라고 묻는다. 그러나 학생들이 교사와 조금 더 대화를 나누다보면 그것이 우리 모두와 연관이 있다는 사실을 분명히 깨닫고 불편해한다.

인근 도심 빈민지역에 집을 세놓은 백인 집주인의 아이들은, 관리도 엉망이고 건강에도 좋지 않은 빈민주택에 세 들어 사는 가난한 사람들이 내는 돈으로 좋은 음식을 먹고 좋은 학교에 다니며 풍족한 생활을 한다. 북부 도시의 부유한 의사를 부모로 둔 아이들이 값비싼 옷을 입고 여름방학에 유럽 여행을 하고 특권층을 위한 테니스 코트를 이용할 수 있는 것은, 그들의 부모가 가난한 이들(대개가 흑인이거나 스페인어를 쓰는 라틴계 미국인)을 기껏해야 소소한 치료를 받을 수 있는 열악한 병원에 줄지어 기다리도록 방치한 채 비싼 진료비를 낼 수 있는 환자들만을 진료하기 때문이다. 넓은 농장과 목장을 소유한 부유한 귀족 부모를 둔 아이들이 호화롭고 우아하고 쾌적한 집에 살 수 있는 것은, 보통 그들의 아버지가 낮은 임금으로 문맹의 농장일꾼들을 부리면서도 좁고 지저분한 판잣집에 살게 하고 건강을 위한 어떤 혜택도 제공하지 않으며 이런 열악한 환경에 항의하기라도 할까봐 교육받을 기회도 제대로 주지 않기 때문이다.

부유한 백인 학생들이 모두 의사, 탐욕스런 법률가, 고압적인 악덕 집주인의 자녀인 것은 아니다. 또한 백인 중산층 아이들 모두가 부유한 것도 아니다. 우리가 중산층으로 간주하는 사람 중에서 많은 수가 국가 통계에 잡히지 않는 경제적 어려움을 겪고 있다. 우리가 학교에서 가르치는 학생들이 모두 피해자 아니면 가해자라는 단순한 이분법에 빠지지 않으려면 이 점을 간과해서는 안 된다. 수백만 학생들은 경제적으로 어중간한 상태에 놓여 있다. 그럼에도 불구하고 부유한 학생 대다수의 안락과 안녕은 근근이 입에 풀칠만 하는 수백만 학생들의 직접적인 희생의 대가로 확보된다.

일단 부유한 집 아이들이 내가 한 것처럼 세세하게 빈곤과 과잉에 대해 생각하고 이야기하기 시작하면, 그리고 교사들도 여기에 적극적으로 참여한다면, 아이들은 자신의 삶과 가난한 이들의 삶이 실질적으로 분명하게 연결되어 있다는 사실을 금세 깨달을 수 있다. 이미 그들의 어려움을 알고 돕기 위해 자원봉사를 하고 있는 아이들도 있겠지만, 지금까지는 그저 동정이나 이웃사랑의 정신에 다름 아니었다. 하지만 이제 갑자기 어떤 깨달음이 의식을 파고든다. 어떤 사람은 조금 소유하고 어떤 사람은 많이 소유하고 있다는 사실뿐 아니라, 한쪽이 다른 한쪽에 의존한다는 사실을 깨닫게 되는 것이다.

교과서 발행사들은 이런 깨달음을 막기 위해 갖은 책략을 다 쓴다. 부자와 빈자 간의 인과적 연관에 관한 모든 개념을 모호하게 하는 단어를 선택한다. 교과서에 착취나 억압 같은 껄끄러운 단어가 나오는 경우는 거의 없다. 내신 예를 들어 흑인에 관한 글에서 '궁핍'이라는 단어를 사용한다. '궁핍'은 한 사람이 다른 누군가에게 가하는 어떤 것이라기보다 딸꾹질이나 감기, 천둥처럼 '우발적으로 발생하는 것'이라는 인상을 준다. (하나의 사회계층에 대해) '너무 적게 가졌다'고 말할 수는 있지만, (다른 사회계층에 대해) '너무 많이 가졌다'고 말할 수는 없다. 한 문장에 '너무 적게'와 '너무 많이'가 동시에 나오면 우리가 단지 고통의 땅이 아닌 불공평한 국가에서 살고 있다는 사실이 분명해진다.

말썽의 소지가 있든 없든, 이것은 고민의 끈을 놓지 않는 성실한 교사라면 쉽게 지나칠 수 없는 문제다. 착취는 저절로 이루어지는 것이 아니라 누군가에 의해 이루어진다. 그리고 그 '누군가'는—의사, 지주, 집주인은—어느 학생의 부자 아버지다. 우리가 특권층이 사는 지역이나 아니면 그냥 잘사는 동네에서 가르친다면 우리가 가르치는 아이들 중 많은 수는 다른 아이들이 가난하기 때문에 부자일 가능성이 크다.

학생들의 집안과 긴밀히 얽혀 있는 문제를 다루는 것은 쉬운 일이 아니다. 특히 반 아이들에게 다정하고 마음이 여린 교사라면 더욱 그렇다. 아이들은 선생에게 대들기도 할 것이고, 간혹 울음을 터뜨리기도 할 것이다. 그러나 아이들이 단지 똑똑하고 세련될 뿐 아니라 윤리적이고 강인하게 성장해야 한다고 믿는다면 특권층 아이들을 가르치는 교사가 이 문제를 피해 갈 수 있는 방법은 없다.

교사가 이 문제를 전략상 잠시 보류하지 않을 수 없다면—예를 들어 보수 집단한테서 행동을 지켜보겠다는 경고를 받아 앞으로 아주 심각한 대립이 예상된다면—그때는 불가피하게 이런 사안에 온건하게 대처해야 한다. 반면, 빈곤을 미국의 엄연한 현실로 만드는 이유를 학급 토론에 부치는 데 교사가 소극적이라면, 그리고 그렇게 하는 유일한 이유가 자신의 신념 표명이 불러올 파장에 맞닥뜨리고 싶지 않은 것이라면, 이 교사는 자신이 교과서의 거짓말에 동참하고 있다는 것을 자각하리라 생각한다. 나는 이러한 교사의 태도를 달리 어떻게 이해할 수 있을지 모르겠다.

교사가 1, 2학년 학생들과 이런 문제를 논의하기는 쉽지 않을 것이다. 그러나 5, 6학년부터는 교사가 이런 기본적인 진실을 회피할 정당한 이유를 찾기는 힘들다. 우리가 언제나 이런 어려운 딜레마를 회피할 이유를 찾을 수 있다면 대부분의 교사들처럼 나도 안심할 것이다. 하지만 우리는 그럴 수 없고, 그래서도 안 된다.

어느 세대나 어느 지역에서나, 부유한 특권층 자녀들 중에서 기존 가치관을 깨고 사회적 희생자들을 위해 일하기로 결심하는 아이들이 있기 마련이다. 많은 교사들이 이미 알고 있듯, 이런 선택을 하기란 보통 어려운 일이 아니다. 그러므로 아이들이 편안하고 익숙한 모든 것을 상실하는 슬픔만 해도 견디기 힘든데, 부유한 집 자식으로 태어났다는 죄책감까지 이중으로 고통을 당해야 할 이유는 전혀 없다.

진정으로 우리 학생들이 부당하게 희생당하는 소수자들 편에 서기로 결심한다 해도, 물리적으로 집을 떠나는 극단적인 선택을 할 필요는 없다. 그들은 도덕적으로 사회적 희생자들의 편에 서기로 결심한다. 그들의 부모나 친지가 만들어내는 데 협력했거나 아니면 적어도 방치했던 그 희생자들 편에. 이런 결정을 한 학생들은 예전 친구들, 다른 선생님들과 멀어지는 아픔을 겪어야 한다.

주변에서, 사는 도시나 주, 국가에서 일어나고 있는 고통과 착취를 알게 된 학생들이 수많은 보통사람들처럼 이를 외면한다면 죄책감을 느끼게 될 것이다. 하지만 무엇이 정의롭고 진실한가에 대한 자신의 생각을 행동에 옮긴다면, 따라서 자신의 입장을 정하고 몇 주 동안 탁아소나 병원 등에서 열정을 쏟아 일하거나 전국적으로 퍼져 있는 활발한 거리시위 단체에서 유인물 만드는 법을 배운다면, 그때부터 죄의식이나 어떤 다른 형태의 부적절한 자책감에 시달려야 할 이유는 없어진다.

이 책에서 언급한 다른 사안들과 달리, 이 사안에서는 유독 설득하는 행위 자체에는 이렇다 할 가치가 없다. 교사의 가장 열성적인 말조차 공립학교의 거의 모든 과정을 구속하는 타성적 한계 안에 머무르기 때문이다. 교사가 (자신이 소중히 여기는 가치관에 부합하는, 그러나 학생들까지 반드시 동의하는 것은 아닌) 자신의 결심에 따라 실제 행동에 참여하는 것만이 학생들을 독자적인 행동으로 나아가게 하는 좋은 본보기가 되는 것이다.

물론 어떤 단계에서 교사와 학생이 같은 투쟁을 하게 된다면 더욱 흥미로운 일이 될 것이며, 관련된 모든 사람들에게는 깊은 감동을 줄 것이다.

• 덧붙이는 말

이 장에서 나는 두 가지 죄책감을 구분 지어 설명했다. 많은 학생들은 자책의 미로에서 벗어나지 못한 채 전전긍긍하고 있다. 또 다른 학생들은 이런 상태에서 벗어나 활기찬 자기해방의 과정으로 나아간다.

교사가 전자의 마음상태에 갇혀 있는 학생들을 돕는 방법 중 하나는 거대하고 압도적인 사회경제적 문제들을 학생들이 파악할 수 있고 정면 대결할 수 있을 만큼 작은 항목으로 나누어주는 것이다. 평범하고 고립된, 나이 어린 한 개인이 접근하기에 사안이 너무 거창해 보인다면 학생들은 뒷걸음치며 노력을 아예 안 하려 할 것이다. "너무 거대한 문제인걸요."

학교나 은행, 지역사회, 병원, 경찰 등을 움직이는 현실적인 수많은 힘들을 무시해도 좋다는 것은 아니다. 하지만 교사와 학생은 그게 무엇이든 간에 큰 사안에 직면하면 차근차근 작은 투쟁부터 시작하려는 자발적 의지를 가져야 한다는 뜻이다.

우리와 우리 학생들이 하는 투쟁은 한편으론 그 가치에 의해 다른 한편으론 실현 가능성에 의해 평가된다. 문제가 될 만큼 큰 투쟁이면서도 해낼 수 있을 만큼 작은 투쟁이어야 하는 것이다.

목적은 거대한 문제를 실천할 수 있는 여러 개의 작은 항목으로 나누는 것이다. 필요하다면 아이들에게 불공정과 억압의 거대한 연쇄고리를 설명한 후, 동네 탁아소에서 봉사활동을 하거나 인종차별을 하는 기업 빌딩 앞에서 피켓 시위를 하거나 비참한 환경에서 사는 가난한 세입자들의 집주인 집 앞에서 연좌시위를 하도록 아이들을 독려해야 한다.

더 명확히 말하면 이렇다. 불공정한 체제에 제동을 걸어야 하는 장소는 바로 우리가 서 있는 곳이다. 어떤 경우든 '더 큰 상황'을 조용히 인식하면서 바로 지금, 바로 여기부터 실질적으로 변화시켜야 한다는 결연한 의지로, 우리가 꿈꿀 수 있고 행동할 수 있는 범위 내에 있는 수단을 써가며 노력해야 한다.

이런 방법을 강조하면 학생들이 불필요한 슬픔을 과도하게 겪지 않을 것이라고 나는 믿는다. 더 큰 악을 없애기 위해 아주 작은 행동이라도 시작하는 것이야말로 개인을 자책감에서 해방시켜 세상을 덜 고통스럽고도 덜 불공평한 곳으로 만들기 위한 보람되고 만족스런 투쟁의 첫 걸음이다.

이것이 죄책감과 자유를 구분 짓는 차이다.

11

학교교육의 목적을 노골적으로 드러내다

국기에 대한 맹세

많은 부분에서 관례를 인정하지 않는 교사들도 국기에 대한 맹세를 거론하는 것은 지나치게 논쟁적인 것으로 보는 경향이 있는 듯하다. 이들은 자신의 행동을 정당화하기 위해 흔히 흥미롭긴 하지만 납득하기 어려운 변명을 한다. 장기적인 관점에서, 커리큘럼이 무엇으로 구성되어 있는가 하는 문제 자체는 '학생과 교사의 관계와 소통 방식'에 비해 학생의 정신에 그렇게 큰 영향을 미치지 않는다고 말하는 것이다. 따라서 학생들이 매일 암송해야 하는 그 맹세문의 내용 못지않게 불편하고 단순한 이 문제는 중요한 사안으로 다룰 필요가 없다는 것이 이들의 생각이다.

양심적인 교사들 중 많은 수가 이 견해에 동의하고 있는 듯하다. 이들의 입장을 고의적이고 불명예스런 회피인 양 말하는 것은 타당하지 않을 것이다. 회피인 것은 맞지만 고의적인 것은 아니며 어느 정도 진실한 부분도 있다고 나는 믿는다. 수업 과정은 중요하다. 여기에는 이론의 여지가 없다. 교실의 분위기와 소통 방식이 변화하면 틀림없이 구성원의 관계가 민주화되고 인간화될 것이다. 그러나 이런 변화만으로는, 그 학급(그 학교, 그 지역주민, 그 아이들)이 절망적인 상태에 있는 세상의 다른 사람들을 제대로 인식하지 못하도록 가로막는 이념적 편견을 근본적으로 바로잡을 수 없다.

학생들 간의 민주화된 관계가 생기 있고 상냥한 분위기를 만들 것임을 의심하는 교사는 거의 없을 것이다. 그러나 그것은 결코 사회변혁을 대신할 수 없다. 세상의 풍파가 미치지 않고 근심 걱정 없지만 마취 상태와 같은 고립된 방에서 학생들을 건전하고 활기차고 서로 존중하도록 가르치는 일 그 이상을 우리 교사들이 할 수 없다면, 현재 미국의 학교에서 행해지고 있는 해악을 바로잡지 못하리라는 것을 교사들은 잘 알고 있다.

국기에 대한 맹세는 오늘날 공립학교에서 행해지고 있는 주입식 교육 가운데 가장 눈에 띄는 형식이면서도, 수업 과정만이 유일하게 토론할 가치가 있다고 여기는 사람들이 가장 무시하는 '내용'의 일종이다. 바로 이런 이유에서 나는 이것이 공립학교를 변혁하려는 교사라면 주도면밀하게 계획을 세워 강하게 비판해야 할 사안이라고 생각한다.

살펴보면 볼수록 국기에 대한 맹세는 여러 점에서 독특하게 비민주적인 의식이라는 사실이 드러난다. 첫째, 국기에 대한 맹세는 공립학교에서 배우는 다른 교훈들보다 더 노골적으로 공립학교의 진짜 역사적 목적을 드러낸다. 대개 교육의 다른 부분에서는 학교 및 교육위원회의 전통적인 목적이 간접적으로 암시되거나 여러 모순에 의해 가려지거나 때론 유익해 보이기도 한다. 하지만 국기에 대한 맹세에서처럼 교사와 학생이 학교교육의 적나라한 목적을 그렇게 공개적으로 볼 수 있는 기회는 드물다.

그러므로 우리는 국기에 대한 맹세에 고마워해야 할지도 모른다. 무익한 항의와 비난을 하기보다 주어진 기회를 이용해야 한다. 국기에 대한 맹세는 어떤 다른 상징물, 기호, 수업보다 학생들에게 공립학교라는 물리적, 심리적 제한구역에 머물러야 하는 몇 년 동안 그들을 관리하는 주인이 누구고 어떤 성향을 가졌는지 등을 더 잘 알려준다.

이 맹세를 암송해야 하는 의무 때문에 자신의 지성이 모욕당하고 스스로 타협하고 있다고 느끼는 교사들이 많다. 그러나 그들은 이 모든 것이 아이들의 정신에 어떤 영향도 미치지 못하는 효과 없고 어리석고 사소한 습관일 뿐이라고 애써 스스로를 다독인다. "어쨌든 항상 해야 하는 건 아니니까요." 또는 "아무런 효과도 없어요. 외우긴 하지만, 아이들은 그 말뜻도 모르거든요." 이 말은 참 어처구니없는 변명처럼 들린다. 뜻도 이해하지 못하면서 왜 외워야 한단 말인가?

경험 많은 노련한 교사들만이 진실을 알고 있다. 국기에 대한 맹세는 아이들의 정신에 영향을 미친다. 그 상징물은 장식으로 문 위에 걸려 있는 게 아니다. 국기를 게양하는 학교나 학급은 중요한 의지를 선언하고 있는 것이다. 수업 시간에 자유롭고 솔직한 토론에 대해 우리가 무엇을 계획하고 있다고 말하든, 실제로 무엇을 계획하든, 우리의 토론을 제한하는 엄연한 한계가 있음을 국기가 분명히 알려주고 있는 것이다. 미국의 국력과 이익에 도움이 되지 않는 것은 제한되는 것이다.

물론 이 암송의 영향력을 줄이고자 하는 학교와 교사들도 많이 있다. 진보적이고 자유로운 학교라는 인상을 주고 싶어서인지도 모르지만 국민의례를 생략하고 재빨리 다음 순서로 넘어가는 공립학교도 있다. 그럼에도 국기에 대한 맹세가 가지는 영향력이 사라지지 않으리라는 것을 우리는 잘 알고 있다. 비용을 지불한 자가 결정권을 갖는다는 유명한 속담이 있다. 국기의 존재는 우리의 공립학교에서 비용을 부담하는 자가 누구인지를 상기시킨다. 보이지 않는 구속을 받지 않고 열린 대화를 하고 싶다면, 국기를 내리거나 분명한 언어로 국기에 대한 맹세가 드러내는 자기모순과 허위를 밝히고 나서 토론을 시작해야 한다.

국기에 대한 맹세를 암송하느냐 거부하느냐 하는 것은 미국 시민으로서의 충심과 아무런 연관이 없다고 나는 믿는다. 신념이 급진적이냐 보수적이냐 하는 문제와도 아무런 연관이 없다. 그것은 단 하나의 참된 문제, 즉 공립학교에 대한 분명하고 정당한 정의와 연관이 있다. 공립학교가 아이들에게 봉사하고 정신의 자유를 보장하기 위해 존재한다면 국기는 치워버려야 한다.

자유 토론에 대한 이런 구속 외에도, 국기에 대한 맹세는 그 내용에 있어 미합중국에 대한 묘사가 사실과는 다르다는 골치 아픈 문제가 있다. 우리는 '분리될 수 없는 단일국가'에 살고 있지 않다.* 우리는 은행 대부계와 부동산 중개업자에 의해 고의적이고 교묘하게 분리되는 두 개의 국가에 살고 있다. 여기서 다시 자유와 정의는 '모두를 위한' 것이 아니라는 것이 밝혀진다. 실질적인 자유는 소수 특권층만의 것이고, 가장 권위 있고 노련한 법률가를 선임할 수 있는 사람만이 정의의 보호를 받을 수 있다.

---

* 미국의 '국기에 대한 맹세' 전문은 다음과 같다. "나는 미합중국 국기와 그 국기가 상징하는, 분리될 수 없으며 모든 사람들이 사유와 정의를 누리는 공화국에 충성을 맹세합니다. I pledge allegiance to the flag of the United States of America and to the Republic for which it stands, on nation under indivisible, with liberty and justice for all."

내가 토론회와 연구회에서 만나는 교사들 중 이 문제의 정당성을 논하려는 교사는 거의 없다. 대다수는 국기에 대한 맹세를 미국의 현 상황에 대한 완벽한 묘사라기보다 '꿈'이나 '희망' 같은 것이라고 학생들에게 '설명'함으로써 이 딜레마를 모면하려 한다. 이 일시적인 해결책으로는 본질적인 문제를 해결하지 못한다. 맹세가 단지 꿈이고 소망이라면 이런 식으로 표현해야 할 것이다. "우리는 차별받는 사람들로 분리된 이 나라를 정의롭고 살 만한 나라로 만들기 위해 죽을 때까지 노력할 것을 맹세합니다."

이런 표현은 아예 맹세를 하지 않는 것보다 학교 당국자들을 더욱 불쾌하게 만들 것이다. 이 방법을 문제의 해결책으로 제시하는 것은 교사 개인에게 별 도움이 되지 않을 듯하다.

내가 아는 한, 쓸 만한 두 가지 대안이 있다. 하나는 1943년 여호와의 증인이 워싱턴에 제기하여 승소한 대법원 판례에 근거하여, 공립학교는 학생들에게 국기에 대한 맹세를 외우도록 강요할 권리가 없다는 원칙을 고수하는 것이다.[20] 그 후 1973년에도 연방 항소법원은 교사들에게 국기에 대한 맹세를 거부할 권리를 인정했다. 일부 교사들이 채택하는 또 다른 대안은, 맹세를 하기는 하되 반 아이들에게 이 문제를 분석하게 하는 것이다. 학생들 대부분이 이 맹세가 기만적이고 사실과 다르다는 데 동의하면 그 주장을 교육위원회에 제출하게 하여 세상에 그들의 저항을 알리도록 한다.

학생들이 교육위원회 위원들을 인터뷰할 때마다 교사는 학생들이 생산적인 질문을 할 수 있도록 사전에 미리 도와준다. 이런 상황에 처한 학생들은 예의를 차리느라 개성 없고 소심한 질문을 하기 일쑤다. 우리 학생들이 갑자기 수줍어져서 이런 질문만 한다면 충분히 예상할 수 있는 대답 그 이상을 얻어낼 수 없을 것이다. 일이 이렇게 진행될 것 같으면 교사는 학생들에게 미리 계획을 세우게 해 일차적이고 뻔한 질문 말고 예측불허의 질문을 할 수 있도록 도와줘야 한다.

매년 수백만 명의 학생들이 교육위원회나 시청에 두어 차례 견학을 간다. 이들은 백악관의 겁먹은 기자들처럼 공손한 태도로 천편일률적인 질문을 하는 경향이 있다. 그리고 신문에서도 읽을 수 있는 그저 그렇고 그런 대답만을 얻고 돌아온다. 날카롭고 예리한 질문을 하여 정치인들이 늘 준비하고 있는 익숙한 답변이 아닌 참신한 답변을 끌어내려면 특별한 기술이 필요하다.

TV 시청자들은 불손한 기자가 대체로 흥미로운 답변을 얻어낸다는 것을 잘 알고 있다. 교사가 학생들에게 분명하고 예리한 질문을 하는 방법을 미리 알려주고 훈련시키지 않으면 대부분의 아이들은 중요한, 또는 스스로 중요하다고 자처하는 위원들에게 공격적이고 집요하게 질문할 용기를 낼 수 없을 것이다.

이 두 대안 모두 부당한 의무에 맞서 논리적으로 이의를 제기하는 방법일 것이다. 내가 분명히 용납할 수 없는 태도는 그저 뒤로 물러서서 아무것도 하지 않는 것이다. 이런 처지에 있는 민감한 교사들은 흔히 불편하다고 말하면서도 (일자리를 잃을 각오를 하지 않고) 뭘 어떻게 해야 할지 모르겠다고 한다.

이런 모순 때문에 진심으로 괴로워하는 교사들은, 지금 이 순간부터는, 실행 가능한 선택지가 생각보다 더 많다는 것을 알아야 한다.

1 2

평화를 사랑하는, 자유세계

관례적 표현

정치적 의도가 담긴 모든 주입교육 중에서 가장 은밀해서 파악하기 힘든 항목을 이제야 이야기하게 되었다. 그것은 어느 시대에나 늘 반복되어왔던 것으로, 다소간 세뇌 효과를 가지고 있는 맹목적 애국주의 프로파간다이다. 이 프로파간다는 관례적 표현들code expressions에 의해 전달된다. 오랫동안 권위를 누리며 절대 사라지지 않을 것처럼 보이는 이러한 관례적인 말이나 문장은, 교과서를 어수선하게 채우며 학생들에게 허위 사실을 믿도록 한다. 그리고 한 번 굳어진 말들은 논박하는 데 많은 시간을 허비해야 한다.

이 중 가장 짜증스러운 표현들은 악명을 떨치며 우스개와 풍자의 표적이 되고 있지만, 이런 조롱을 받으면서도 여전히 공립학교에서는 널리 쓰이고 있다(공립학교는 늘 이런 식이다. 얼마나 많은 책들이 그 오류를 증명했는지, 얼마나 많은 법정에서 그 위헌성과 불법성이 판결되었는지 따위는 안중에도 없다).

'운명 현시설'*은 이런 표현 가운데 가장 창피스러운 것 중 하나다. 인종주의자 유럽이 북아메리카 인디언의 삶과 문화를 처참하게 파괴한 수백 년간의 너무도 잔인하고 노골적인 역사를 한눈에 보여주는 말이기 때문이다. 이와 비슷한 목적(중대한 역사적 진실을 감추거나 위장하려는 목적)과 영향력을 가진 또 다른 표현으로 '선린외교Good Neighbor Policy'가 있다. 이 용어는 어떤 아이나 학생도 찾을 수 있는 많은 증거에도 불구하고 미국이 라틴아메리카를 원조했다는 증표로 여전히 사용되고 있다.[21]

이런 관례적 표현들 가운데 가장 속이 들여다보이는 말은 아마도 '자유세계Free World'일 것이다. 이 독특한 말은 교과서, 신문, 잡지, TV 등에서 수시로 튀어나온다. 대부분의 사람들은 아마도 '자유'라는 말은 모든 견해에 개방적인, 공정하고 정직한 무언가와 상관이 있으리라 여길 것이다. 어쩌면 굶주린 사람들에게 무료로 음식을 제공하고, 아픈 사람들에게 의사가 무료 진료를 해주는 것을

---

* Manifest destiny 미국은 운명적으로 북아메리카 전역을 지배하고 개발할 권리를 갖고 있다는 주장.

의미할지 모른다고 생각할 수도 있다. 실제로 그렇다면 우리가 '자유세계'라 부르는 나라의 수많은 가난한 사람들에게는 대단한 행운일 텐데.

여러 해 동안 '자유세계'라는 말은 정치적 용어로 사용되었다. '자유세계'라는 말로써, 우리는 사회주의 국가들─교과서에 나오는 표현을 따르자면 '소비에트 진영'─과 싸우거나 외교 투쟁을 벌일 때 우리를 도와 함께 싸워줄 나라가 있음을 의미했다.

교사가 학생들과 함께 교과서에 '자유세계'로 나온 국가들을 꼽아보면 이 말의 진실한 뜻에 절반이나마 부합하는 나라는 몇 안 된다는 것을 알 것이다. 영국, 프랑스, 캐나다, 그리고 십여 나라쯤 꼽을 수 있으려나. 반면 '자유'라는 꼬리표가 붙었지만 진지하게 볼 때 어떤 면에서도 자유롭지 못한 나라들이 부지기수다. '자유세계'라는 용어는 2, 3년에 한 번씩 조정되어야 한다. 한두 국가가 새로운 일원으로 포함되거나 서너 국가가 제외되기 때문이다. 이 글을 쓰는 현시점에서 이 용어는 다음 국가들을 포함한다. 아르헨티나, 브라질, 아이티, 과테말라, 페루, 도미니카공화국, 칠레, 우루과이, 남한, 남아프리카공화국, 파키스탄, 필리핀(1979년 이전에 발행된 교과서에는 니카라과와 이란이 포함되어 있다. 다음 교과서에서는 이 국가들은 목록에서 빠져 '불명확한' 나라로 분류될 것이다).

이외에도 공립학교에서 '자유세계'로 명명하는 나라들이 20~30

개는 더 될 테지만, 위에 나열한 국가들만으로도 관례적 표현의 진짜 의도와 기능을 입증하기에 충분할 것이다. 이 나라들은 기본적으로 공통적인 특징을 갖고 있다. 이들 나라의 정권은 '자유로운' 책을 집필하거나 '자유로운' 신문과 잡지를 발행하려는 사람들을 죽이거나 투옥시키거나 망명시킨다. 그들은 국가의 자원을 대거 부자들의 호주머니에 몰아주고 빈자들은 굶어죽거나 평생 영양결핍에 시달리도록 방치한다. 대개 이들은 빈민들에게 기본적인 의료 혜택조차 제공하지 않는다. 그들은 편의상 미국과 군사적 거래를 하여 미국에게 공군기지를 건립할 부지를 제공하고, 미국의 잠수함 및 해군함정에 필요한 연료와 안전을 보장하는 항구를 제공하고, 때로는 '국지전'으로 알려진 전투에 필요한 용병을 빌려주기도 한다. 이들은 또한 폴라로이드, 걸프 오일, 제록스, 제너럴모터스, 제너럴일렉트릭 같은 미국의 거대 기업들과 실질적인 비즈니스 거래를 하기도 한다.

솔직히 말해 '자유세계'는 세 가지 의미로 귀결된다. 미국 기업들이 거액의 이윤을 얻는 자유로운 기회를 가질 수 있는 곳, 미국 군대가 부지 및 항구를 자유로이 사용할 수 있는 곳, 이기적인 상류층이 군사력과 긴밀히 공조하여 아무런 제약 없이 빈민을 착취할 자유로운 기회를 갖는 곳. 이 세력들은 대체로 미국 정부와 공조하며 자금을 지원받는다.

이런 상황임에도 어째서 교과서는 아직도 이 나라들에 대해 기술할 때 그런 기만적 표현을 사용하는 것일까? 어느 모로 보나 자유롭지 않은 나라를 어째서 '자유세계'라고 지칭하는 것일까? 이 질문에 대한 답을 찾다보면 학생과 교사는 공립학교의 존재 이유를 처음부터 면밀히 살펴보고 재검토하게 된다.

공립학교의 목적과 기능이라는 본질적인 문제를 제기하기 위해 면밀히 조사하다보면 교사는 교과서와 언론, 정치인들이 꺼지지 않는 열정으로 사용하고 있는 또 하나의 관례적 표현과 마주치게 된다. '폭력적인'과 '평화를 사랑하는'이 그 두 표현이다. 대부분의 교과서에는 미국이 '평화를 사랑하는' 나라라는 것이 일말의 주저도 없이 쓰여 있다. 대통령도 그렇게 말하고, 설교자들도 이 말을 반복한다. 대다수 국민들은 이 말이 정말 진실하다고 생각하며 안도하면서도, 동시에 우리의 대외정책 중 많은 부분이 우리의 목적을 달성하기 위해 폭력적이거나 위협적인 조치에 전적으로 의존하고 있다는 사실을 분명히 알고 있을 것이다.

최근 몇 년 사이에 교사들은 미국이 93개 나라에 무기를 판매한 일에 대해 학생들과 자세히 분석하고 토론함으로써 이런 왜곡된 용어들을 정면으로 다룰 수 있었다.[22] 무기 판매 그 자체만으로는 국가가 폭력적 해결법을 선호한다는 증거가 되지 못할 것이다. 그러나 국민들이 무기 판매가 불쾌하거나 혐오스럽다고 느끼지 못한다면 이 국가가 폭력적 해결법을 선호하고 있음을 나타내는 명백한 증거가 된다.

우리가 파는 무기로 과테말라, 칠레, 브라질 같은 국가의 정부는 빈민을 옹호하는 학생들을 죽이는가 하면, 이 학생들을 지켜주려는 교사들을 죽이거나 투옥시키거나 망명시키고, 자신의 권리와 교사들의 권리를 수호하기 위해 일어선 무고한 시민들을 학살한다. 한때 우리 자신이 독립혁명을 이룩한 민주국가로서의 전통에 비추어볼 때, 교사들은 확고한 애국적 논거를 가지고 학생들에게 고통스러우면서도 복잡하지 않은 다음 두 문제를 생각하게 할 수 있다. 왜 우리는 독재정부에 무기를 판매하는가? 왜 우리는 민주혁명의 싹을 잘라버리려고 시민을 고문하고 인간의 품위란 품위는 모조리 짓밟는 정부에 무기를 판매하는가?

교사가 이런 문제를 강조하고 학생들이 세계에서 가장 비인도적이고 억압적인 국가에 무기를 판매하여 얻는 이익이 무엇인지 조사한다면, 학생들 대다수는 학교에서 만들어지는 여러 관례적 표현들을 의혹의 눈초리로 바라보게 될 것이다.

학교 당국이 지정한 교과서에서 심한 왜곡이나 모순을 발견했을 때 교사는 교실에서 열을 올리며 목청을 돋워 비난할 필요가 없다. 차라리 아이들이 직접 사실과 통계수치를 찾아볼 수 있도록 자료를 비치하고, 가능하면 항상 유네스코나 주요 TV 방송국, 유럽이나 미국의 저명한 언론사 등 정평 있는 정보원에서 필요한 자료를 인용하는 것이 좋다. 책임감을 가지고 정성껏 준비하면, 미국 정부가 자국의 경제력과 군사력을 보호하기 위해 '자유세계'라 제멋대로 이름 붙인 국가들과 교역하면서 부당한 이익을 확실히 챙긴다는 것을 학생들에게 깨우쳐주는 데 필요한 모든 자료를 확보할 수 있을 것이다.

미국의 주류 인사들이 그토록 소중히 여기고 그토록 필사적으로 신성시하는 문제를 다루는 순간, 교사는 아무리 관대하고 진보적인 학교 당국자라도 허용할 수 없는 한계선을 넘게 될 공산이 크다. 이런 상황에 처한 교사를 교장이 진심으로 감싸주려 해도, 교육부나 교육위원회의 고위관료가 인습에 위배되는, 말 그대로 전복적인 행위를 용인할 것이라 기대하기는 어렵다. 이들이 용인하지 않는 경우 우리는 돌아올 수 없는 지점에 이르게 될지도 모른다. 우리 교사들이 인간의 사유를 가로막는 신성시된 관례적 표현을 교란시키기 시작했다면 우리는 분명 그 지점에 이르게 될 것이다.

가장 노골적이고 복잡하고 도발적인 문제의 바로 이 지점에서 교육과 정치가 얽힌다. 이에 관해서는 다음 두 장에서 상세히 살펴보도록 하자.

'나쁜 주입교육'의 반대는 '좋은 주입교육'인가?

자유로운 생각의 장

왜 교육은 정치와 뒤얽혀야만 하는 걸까?

수많은 교사들은 교육이 정치와 얽히면서 일어나는 이 모든 일을 다 알고 있으면서도 교육은 비정치적이고 중립적인 것이라고 믿고 싶어한다. 그러나 교육은 중립적이지 않다. 과거에도 마찬가지였다. 이는 우리가 우리 시대의 투쟁을 마친 뒤에도 변하지 않을 것이다. 교사는 아이들의 눈에 중립적으로 비춰지지 않는다. 우리가 입는 옷에 의해 우리는 비중립적이다. 우리가 모는 차종에 의해 우리는 비중립적이다. 우리가 사귀는 친구들, 우리가 읽는 책들, 우리의 거주지 등에 의해서도 우리는 비중립적이다. 무엇보다 우리의 눈에 아로새겨진 신념 또는 자기 추방의 메시지가 우리의 비중립성을 드러낼 것이다.

이렇듯 교사가 학생의 눈에 중립적으로 보이지 않는다면, 우리가 가르쳐야 하는 교과서가 아이들에게 주입하는 허위 앞에서 교사의 윤리적 대응은 어떠해야 하는가?

대다수 교사들에게 그 선택은 꽤 간단한 듯하다. 우리는 공모하고 묵인하고 협력하거나, 아니면 분명하게 저항 의사를 표명한다. 어쨌거나 이것이 한때 나 자신의 신조였다. 그러나 현재의 내 생각은, 어느 쪽도 생각만큼 그리 간단하지 않다는 것이다. '저항'이란 말을 좀 더 신중하게 사용하지 않으면 우리는 결국 위험에 빠지게 될지도 모른다. 우리가 그토록 열렬히 반대하는 속임수와 통제 중에서도 최악의 것을 우리가 다시 되풀이할 수도 있는 것이다. '나쁜 것을 주입하는 교육'에 대한 윤리적 대응이 '좋은 것을 주입하는 교육'이 될 수는 없을 것이다. 그 유일한 대응책은 주입을 하지 않는 것이리라. 아이들에게 자유롭고 개방적인 생각의 장을 마련해주는 것이 그 답이다.

앞서 말했듯, 학교는 이 나라에서 네 번째로 규모가 큰 산업이다. 그런데 경제생활 영역에서는 자유롭고 제한 없는 경쟁이 이롭다는 것을 공개적으로 믿는 나라에서, 교실 문 앞에만 이르면 갑자기 이 원칙이 사라진다는 것은 주목할 만한 사실이다. 생각의 자유로운 경쟁이 이루어지는 생각의 자유시장에서 가르치고 배울 기회가 우리에게 주어진 적은 없었다. 이런 시장을 만드는 것은 교사의 능력에 달려 있다. 그러나 그렇게 되려면 이른바 '열린 교실'이나 '열린 복도', '열린 학교'라 불리는 기만적이고 허울뿐인 선택지를 넘어 일만 광년은 더 가야 할 것이다.

생각의 진정한 자유시장을 만들기 위해서는 아이들에게 근본적인 선택권—교장과 장학사, 교육위원회는 꿈도 꾸지 못하고 승인해줄 리도 만무한—을 줄 용기를 가져야 한다.

그러므로 문제는 다음과 같다. 우리 교사들은 어떤 선택권을 줘야 할까? 아이들에게 줄 선택권을 어떤 방식으로 골라야 할까? 아이들에게 어떻게 제시해야 할까? 신중하고 세심하게 제시하려면 자제해야 할 것은 무엇일까? 행복감과 상상력을 고무시키려면 어떻게 해야 할까?

내가 아는 아주 정치적인 교사들은 학교에서 뚜렷한 이념을 펼칠 준비와 각오가 되어 있지만, 불행하게도 진정한 경쟁을 이끌어내지 못하고 외려 다른 견해에 대해 경멸적이고 공격적이고 불관용적인 태도로 일관하며 급진적인 견해만을 강요하는 우를 범한다. 나도 이와 크게 다르지 않은 방식으로 아이들을 가르친 적이 많았지만, 이는 우리가 당면한 문제에 대한 충분하고 완전한 해결책이 되지 못한다고 생각한다.

내가 이 점을 강조하는 데에는 여러 가지 이유가 있다.

우선, 늘 그렇듯 여기에서도 교사가 공격으로부터 자신을 보호하기 위해 기본 전략이 필요하다. 헨리 키신저의 열 가지 주요 사상을 가르치며 또 한 학년을 보내지 않고 모택동의 열 가지 주요 신념을 가르치기로 결정한 교사는 이내 힘든 상황에 처하게 될 것이다. 견해가 다른 동료 교사들이(심지어 같은 견해를 가진 동료들도) 자기들과 다른 규범을 적용했다며 비난할 것이기 때문이다.

아이들의 정신을 무책임하게 세뇌시키는 공립학교의 행태를 비난해온 교사가, 아무리 확고한 신념을 가지고 있더라도 아이들에게 자신의 배타적 신념 체계를 강요하는 것은 위험한 일이다. 따라서 교사가 단지 학교의 편견에 맞서기 위해서만이 아니라 학생들을 자신의 정치적 신조로 전향시키기 위해 학급을 이용한다면 심각한 실수를 범하는 것이다. 많은 시간을 들여 좋은 의도로 '불복종 교육'을 받은 뒤에도 학생들이 학교의 편견과 교사의 저항 이외에는 아무것도 배우지 못했다면, 자신만의 방식으로 불복종을 실천할 어떤 수단도 갖지 못할 것이기 때문이다.

교사가 교실에서 분개하여 교조적 구호를 학생들에게 들이대고 학교의 가치관을 과장되게 비난하는 것이 현명하지 않은 또 하나의 이유가 있다. 학생들은 이제 반대 구호에 무감각해졌다. 오래지 않아 그 말들은 학생들에게 지루해진다. 교사의 견해를 뒷받침하는 신속하고 생생한 자료가 없다면(교과서는 이런 역할을 거의 하지 못한다) 교사의 말은 더 이상 학생들의 적극적인 반응을 끌어내지 못하고 진부한 구절의 지루한 나열이 되어 기껏해야 아이들에게 최면을 걸거나 더 흔하게는 그저 분위기만 가라앉힐 뿐이다.

'좌익사상 교육'을 공립학교에 팽배한 편견에 맞설 대응책으로 인정할 수 없는 결정적인 이유가 있다. 그것은 전략적인 문제가 아니라 공정함의 문제다. 앞에서 언급했지만, 대부분의 학생들에게 이 방법은 별 효과가 없다. 그러나 몇몇 학생들은 너무 많은 영향을 받는다. 무분별할 정도로. 학생들은 전체주의적 통제를 받지 않을 권리가 있다. 단지 한 시즌, 한 학기, 학 학년만이라도, 정부의 주입 교육에 맞대응하여 역으로 주입하는 교육 그 이상을 하지 못한다면 아이들은 위험한 교훈을 얻게 될 것이다.

이 말은 교사가 자신의 신념을 함구해야 한다는 뜻이 아니다. 그게 아니라 교사는 첫째, 허위선전과 압제, 부당한 지배에서 벗어나기 위해, 둘째, 교사가 자신의 견해를 솔직히 피력하기 훨씬 이전부터 학생들에게 모든 논쟁 방법과 전략을 알려주기 위해, 셋째, 학생들이 교사의 반대의견을 또 반박할 수 있도록 의미 있는 실제 데이터와 모든 가능한 자료를 제공하기 위해, 아주 열심히 창의적으로 일해야 한다는 뜻이다.

이 단계에서, 교사는 더 이상 역-주입 교육을 하지 않고 지적인 에너지를 발휘하여 활발한 난상토론을 이끌어야 한다. 활기차고 열성적인 분위기를 만들어내려면 교사는 학생들에게 서로 모순되는 사상, 자료, 그리고 일반적인 정보 형태가 아닌 실마리 같은 것들까지 광범위하게 제공해줘야 한다.

이런 교실에서 가르치려면 전통적인 수업을 할 때보다 훨씬 더 많은 준비를 하고 공을 들여야 하지만, 더 큰 보람을 느낄 수 있다(가슴이 벅차오를 때도 있다). 내가 아는 한, 고뇌의 시대에 불의와 혼란이 만연한 땅에서 진지한 교사가 택할 수 있는 윤리적인 선택은 이것뿐이다.

• 덧붙이는 말: 교사가 끝까지 지켜야 할 것

일단 우리가 어떻게든 우리 학생들에게 유능하고 효과적으로 우리의 의견을 반박할 수 있도록 선택의 분별력을 길러주기로 결정했다면, 그 선택이 피상적이 되지 않게 해줘야 한다. 정당한 근거를 가진 진지한 '선택'과 일시적 기분에 따른 '변덕', 이 두 가지는 완전히 다른 것이다.

아주 진보적이고 개화된 공립학교에서조차 거의 모든 경우 후자를 선택한다. 1960년대의 낭만적인 학교개혁가들의 전철을 밟아, 이들 학교는 민감하고 순종적이지 않은 아이에게 필요한 지식, 즉 생각을 일으키는 생생한 지식은 자연스러운 과정을 거쳐 저절로 아이의 머릿속에 떠오를 것이라고 했다. 이 견해는 순수하지만 미숙하다.

정말 중요하고 의미 있는 정치적 지식은 누군가가 노력을 기울여 그것이 거기 있다는 것을 알려주지 않는 한 공립학교 학생들의 머리에 저절로 떠오르지 않는다. 그것은 공항에서와 비슷하다. 리우데자네이루로 가는 비행기표를 사려면 처음에는 그 항공편이 있다는 것을 알아야 한다.

1970년대에 융성했고 오늘날도 그 중 많은 수가 남아 있는 이른바 '열린' 학교의 아이들은 비정치적인 학습도구로 애완용 쥐 우리, 배터리와 전구, 접시저울 등을 선택하지만, 정치적인 글을 배울 때는 다들 비슷비슷한 윤리적 틀을 가지고 있다. 아이들은 제록스 계열사에서 발행하는 최신 책자, IBM이 학교에 보내준 언어학습 프로그램, IBM의 자회사인 SRA에서 만든 읽기 프로그램 세트 중에서 '자유롭게 선택'하고, 논쟁이 벌어지면 타임 사나 리틀 브라운(타임 소유의 출판사)에서 발행된 사진이 많은 책을 찾아본다. 상반되는 급진적 견해를 접하기 위해서는 역시 제록스 사 소유의《마이 위클리 리더》의 최신 뉴스를 읽는다.

세상에 있음직한 모든 정치적 신념이 학교에 모두 비치되어 있어야 한다는 뜻이 아니라, 적어도 중요한 관점을 대표하는 자료들을 빠뜨려서는 안 된다는 뜻이다. 그렇지 않으면 아예 이런 모든 노력이 필요 없다.

학생들이 진정한 선택권을 가졌는지 아닌지를 판단하기 위한 가장 좋은 방법 가운데 하나는 이런 질문을 던져보는 것이다. "학생을 고통스러운 자기성찰 때문에 밤에 깨어 있게 할 만한 자료가 여기 이 교실에 비치되어 있는가? 학생이 교과서와 교사에게 의문을 가질 뿐만 아니라 자기 자신에게도 타당한 질문을 던지게 하고 합리적인 토론으로 이어질 만한 자료가 비치되어 있는가?"

나는 교실에 비치할 자료를 선택할 때 브라질, 칠레, 파라과이, 과테말라, 아이티, 페루 등의 빈민 투쟁에 관한 정치적 자료에서부터 《더 내셔널 리뷰》와 《비즈니스 위크》같은 우익 간행물에서 접할 수 있는 논리적인(그러나 내가 보기엔 부정확한) 반박문에 이르기까지 모든 범위를 아우르려고 노력한다. 학생들이 적어도 이 정도의 자료도 볼 수 없다면, 서로 상반되는 진지한 주장을 학생들에게 제공했다고 어떻게 솔직하게 말할 수 있을까.

교사가 이 세상에 존재하는 입장을 모두 다 소개한다는 것은 얼토당토않은 일이다. 모든 생각이 똑같이 옳거나 똑같이 가치 있는 것처럼 말할 필요도 없다. 내 생각은 이와 정반대다. 그보다는, 자유롭고 열정적인 경쟁의 장을 마련해서 최선을 다해 자신의 견해의 우수성을 논증해야 한다.

물론 나와 정치적 입장이 아주 다른 교사들(지극히 보수적인 밑음을 가진 교사들)도 내가 제안하는 경쟁에 참여하고 싶어할 것이다. 이 경쟁을 피할 수 있는 방도는 없다. 피해야 할 이유도 없다. 학생들이 다양한 이데올로기와 견해를 접할 기회를 갖게 된다면 이 나라는 장차 더욱 흥미롭고 개방적인 곳이 될 것이라고 확신한다.

특정 견해를 믿는 사람만큼 그 견해의 정당성을 잘 입증할 수 있는 사람은 없을 것이다. 이 나라의 정치적 좌파들은 흔히 이 생각에 상당한 우려를 표명한다. 특히 이 말이 윌리엄 버클리* 같은 인물이 학생들 앞에서 강연하는 데 그치지 않고 설득하고 논증하여 학생들을 전향시킬 기회를 가져야 한다는 뜻이라면 더욱더 그렇다("오전에는 윌리엄 버클리 같은 인물에게, 오후에는 I. F. 스톤**이나 스폭 박사*** 같은 인물에게 고등학생들의 귀를 사로잡을 기회를 준다면 교육이 어떻게 될까?" 나는 잔뜩 기대감을 가지고 이런 생각을 한다. 마침내 우리는 우리 아이들에게 생각하는 법을 가르칠 수 있을 것이다).

너무나 많은 진보주의자-좌파들이 이런 상황을 우려하고 있지만, 사실 나는 이들이 걱정하는 이유를 이해할 수 없다. 나는 나 자

---

* William Buckley(1925~2008) 미국의 보수주의 시사평론가.
** I. F. Stone(1907~1989) 미국의 인습타파적인 언론인.
*** Dr. Spock(1903~1998) 혁신적 육아법을 소개한 소아과의사이자 베트남전에 반대한 운동가.

신의 견해가 결국에는 아이들의 마음에서 승리를 거두리라는 것을 의심하지 않는다. 내 견해가 옳다는 것과 진실 자체에 힘이 있다는 것을 믿기 때문이다. 진실로 이것을 믿지 않는 진보주의자들이 많은 것 같다. 이런 이유로 그들은 논쟁의 적수에 맞서 자신의 견해를 설득하기보다 지루한 의견일치의 왕국으로 망명한다. 수많은 보수주의자들처럼, 그들이 가장 두려워하는 것은 다른 이의 견해가 가진 잠재력이 아니라 자신의 견해가 지닌 취약성이다. 이것은 우리가 학교를 변화시켜야만 하는 또 다른 커다란 이유다.

초등학교 교실에서 교사와 아이들의 소통이 잘 될 때, 교사의 의견에 반대하는 아이의 의견이 비웃음을 사거나 무시되는 경우가 있을 수 있다. 이는 교사의 개인적인 권위 때문이기도 하지만 반 아이들이 교사에게 애정을 가지고 있기 때문이기도 하다. 이런 경우라면 학교의 다른 교사나 그 지역 주민 중 담당 교사와 입장이 아주 다른 사람을 단지 한두 번이 아니라 지속적으로 교실로 초청하여 학급 토론에 참여시킬 것을 권한다.

위에서 이야기한 두 가지 요점을 정리하면서 이 장을 결론지어야겠다. 주입교육은 전체주의적 방식이다. 즉, 다른 견해를 허용하지 않는다. 반면, 우리 교사들은 교실에서 높은 수준의 도덕적 정치적 민주주의를 성취하기 위해 노력해야 한다. 누누이 말했듯, 모든 견해를 동일한 비중으로 다룰 필요는 없다. 우리는 우리 학생들이 우리의 견해에 맞서 반박할 준비가 되어 있고, 우리가 학생들에게 그 수단을 충분히 제공했으며, 게다가 우리의 의견에 반대할 다른 교사도 있다는 것을 알고 있으므로 우리 자신의 견해를 솔직하고 강력하게 제시해도 된다. 편견에 대해 논박과 설득은 가능하다. 그러나 역-주입이 있어서는 안 된다.

교사는 비난이나 자아비판에 대한 두려움 없이 소신을 말할 권리가 있다. 그리고 교사의 견해에 반대하는 어떤 학생도 이슈 그 자체가 주는 도덕적 고뇌 이외에 다른 대가를 치르거나 따돌림을 당해서는 안 된다. 이 두 조건은 오늘날 미국의 공립학교를 지배하는 오랜 관습과 관행, 교육과정, 교과서 등 표준화된 독단이 스며 있는 모든 것들에 저항하는 윤리적 교사에 의해 실현될 수 있고 실현되어야만 한다.

1 4

"진실과 거짓을 맞대결시켜라!"

맹 목 적   애 국 주 의

이 책의 거의 전체 내용을 반박하는 주장이 제기되었다. 모든 사회 질서는 그 응집성을 유지하기 위해 어느 정도의 정치적 세뇌가 필요하다는 주장이 그것이다. 특히 계층과 인종 갈등으로 국가가 조각날 불길한 조짐이 보이는 1980년대의 상황에서는 표준화된 교과서와 전통적인 교사들이 대변하는 획일적인 전통을 절대 해체해서는 안 된다는 것이다.

이 주장에 동의하지 않거나, 사회분열을 다른 사람들처럼 위험으로 여기지 않는 교사라 할지라도 이런 우려를 가볍게 지나쳐서는 안 된다. 이 문제를 제기하는 사람이 모두 반동적인 것은 아니다. 어떤 사람들은 젊은이들이 서로 분열되고 충돌하는 여러 입장에 노출되면 걷잡을 수 없는 혼란이 야기될 것이라고 경고한다. 이런 주장들에 대해 우리는 여러 가지 대응책을 깊이 생각하면서 우리의 입장을 변호할 준비를 해야 한다.

우선, 분열에 반대하고 우려하는 목소리에 대해서는, 오늘날 우리가 시행하고 있는 학교의 주입교육은 궁극적으로는 애국자를 길러내는 목표를 달성하지 못했다는 점을 지적할 수 있다. 주입교육의 단기적인 성과는 부정할 수 없다. 국기에 대한 경례를 하며 서 있는 자그마한 학생들, 참전하기 위해 국기 아래서 행진하며 애국가를 부르는 좀 더 큰 학생들—때론 겨우 열 살 더 많은—이 그 증거다. 그러나 장기적인 목표를 향한 행보에서는 거듭 길을 잃는다. 우리는 양식과 절개를 지닌 애국자를 좀처럼 길러내지 못하기 때문이다. 우리가 사용하는 구식 방법은, 역사적 조건의 변화를 이해하도록 도와줄 새로운 정보나 개념과 담을 쌓고 사는 사람이 아니라면, 진실과 시간의 시험에서 살아남지 못할 것이다.

우리 학생들에게 애국심이라는 획일적 의식을 심어주지 못하면 사회가 혼란해질 것이라고 우려하는 자들에게, 교사는 현재 학교가 길러내는 것은 이 나라를 건국한 사람들이 지녔던 양식과 민주정신과는 전혀 다른 것이라고 주장할 수 있다. 우리는 약탈 전쟁이나 눈먼 전쟁에 투입되는 무분별하고 생각 없는 군인들을 배출하거나,

또는 다른 이의 행위에 그저 막연한 불편을 느끼며 TV 화면 앞에 앉은 채 그 모든 일에 대해 무력하게 투덜대는 것밖에 하지 못하는 무감하고 묵종하는 사람들을 길러낸다. 이 외에도 흔히 나타나는 결과가 있다. 12년 동안(대학을 졸업했다면 16년 동안) 진실의 위험으로부터 보호받았던 사람들은 우리나라도 다른 강대국처럼 이 세상에 엄청난 죄악을 저질렀다는 사실을 처음 알았을 때 그 충격으로 마음을 추스르지 못한다. 이처럼 편협하고 독단적인 애국심은 위험하고 허약한 인간을 만들어낸다.

우리는 이처럼 치밀한 조작과 거짓말의 울타리 안에서 보호받은 좁은 시야의 가짜 애국자를 배출할 것인가, 아니면 우리나라의 모든 선행과 악행을 견뎌낼 준비가 되어 있을 뿐 아니라 악을 근절하고 선을 강화하는 일에 열성적인 정직한 애국자를 길러낼 것인가?

이런 질문은 적어도 우리에게 귀를 기울이는 사람들을 만들어낸다. 멀리 내다볼 줄 알고 교양 있는 학부모들에게 자신의 이기심을 돌아보게 할 직접적인 호소인 것이다. 진정으로 아이를 사랑하는 부모라면, 다른 견해를 차단한 국수주의와, 진실을 처음 알게 되었을 때 산산이 부서져버릴 그릇된 애국적 자부심에 대해 곰곰이 생각해볼 것이다.

이 글을 쓰는 목적은 학교 제도를 없애거나 사회를 파괴하거나 전복하는 것이 아니라, 그저 창문을 열어젖히고 신선한 공기를 들어오게 하려는 것이다. 자유로운 생각의 장을 통해서 말이다. 만일 국민의 전통적인 가치관이 이런 논쟁의 장에서 살아남는다면 경쟁에 의해 훨씬 더 탄탄해질 것이다. 하지만 그렇지 못하다면 처음부터 학생들이 시간과 노력을 들일 가치가 없는 것이다.

3백 년 전 존 밀턴은 이런 글을 썼다. "진실과 거짓을 맞대결시켜봐라. 자유롭고 공개적인 맞대결에서 진실이 패배할지 누가 알겠는가?"[23] 우리 학교나 동네의 보수적인 학부모들이 이런 대결을 달가워하지 않을 때 물어볼 만한 적절한 질문이 있다. "만일 어떤 시민이 용기를 내어 전통 가치가 외부와의 충돌을 견뎌낼 수 있는지를 알아보지 않는다면 그는 미국 전통의 심장이자 영혼인 그 가치를 과연 얼마나 믿을 수 있을까요?"

모든 생각을 완전히 개방하여 자유롭게 경쟁시키는 장은 있을 수 없다는 말이 어쩌면 맞을지도 모른다. 그럼에도 불구하고 다양한 교사들이 한데 어울려 흥미진진한 토론을 할 수 있는 창의적인 학교라면 이 목표에 근접할 수 있을 것이다. 대부분의 공립학교는 내가 제안하는 자유롭고 열린 토론의 장을 마련하려는 시도조차 하지 않겠지만, 그럼에도 불구하고 교실에서 활발한 공방을 벌이고 합리적인 근거로 이를 지켜나가는 것 역시 우리 교사의 능력에 달려 있다.

국민이나 아이들, 또는 직속 부하직원의 맹목적인 복종을 중시하는 사람들은 이런 열린 경쟁이 장차 미국 기업이나 미국 정부의 이익을 저해하지 않을지 계속 불안해할 게 틀림없다. 이 사람들은 한 국가가 국경 너머 세상의 마음을 언제 얻는지, 언제 얻지 못하는지 좀 더 생각해봐야 할 것이다. 제3세계 국민들의 마음을 얻기 위한 방법에 대해 미국 내에서 많은 논의가 있어왔다. 더 강력한 폭탄과 더 값비싼 자동소총, 제트기 등으로는 우리 기업에게서 수탈당하는 사람들의 마음을 결코 얻지 못하리라는 것은 자명한 일이다. 그러나 우리가 보스턴 사람이든 샌프란시스코 사람이든 아니면 봄베이 사람이든, 모든 인류의 욕구와 열망을 이해하는 윤리적 감수성으로 젊은 세대를 교육할 수 있다면 우리가 간절히 바라는 친구들의 마음을 얻을 수 있는 일말의 희망은 있다.

어린 학생들에게 우리가 심어주는 폭넓은 연민이나 동정심은 그 자체로 가치가 있다. 하지만 우리와 다른 견해, 이데올로기, 열망에도 마음을 열 수 있는 자질과 연민과 능력은 가장 수준 높은 이기주의로도 볼 수 있다. 이 지구상에서 굶주림으로 죽어가는 수많은 사람들은 아직도 식량과 깨끗한 물, 위생, 집, 일, 글을 읽고 쓸 수 있는 능력 같은 생존의 필수 요소를 구하기 위해 날마다 분투하고 있다. 이들은 적어도 부분적으로는 그 후원국과 우방의 실천 윤리에 근거하여 정치적 동맹과 잠재적 우방을 선택할 것이다. 경제적 원조 능력과 군사력은 오늘날 전개되고 있는 지정학적 세계에서 그 가치를 잃어가고 있는 듯하다. 국제 관계에서 경제적 이득 그 너머를 보지 못하거나, 즉각적인 군사적 기회나 수익성 좋은 시장을 가져다줄 국제 협정 이외의 다른 국제적 교류를 생각해내지 못하는 옹졸한 시민들은 더 이상 이 나라 전체의 장기적 이익에 도움이 되지 못할 것이다.

제3세계의 국민과 지도자, 특정 단체 들이 때로 우리나라 사람들과 상징에 경의를 표하는 것은 우리의 시인들과 선각자들이 남긴 말과 글, 전통 때문이지 우리의 달러와 우리의 TV, 우리의 제트기, 총포 때문은 아니다. 이는 이타적인 국민을 길러내는 교육이 우리에게 이로울 것이라는 이기적인 주장의 논거가 된다. 이타적인 국민을 길러내는 교육은 이제 머지않아 인류애와 생존을 향한 열망이 전쟁을 대체할 세상에서 우리가 우리 스스로를 지킬 수 있는 최선의 방법이다.

여러 세대 동안 미국의 외교 정책은 오로지 좁은 의미의 군사, 경제, 정치적 이익에만 의존해왔다. 그 직접적 결과로, 우리는 인도적 기준으로 보아 전혀 우리의 후원국이나 우방이 될 자격이 없는 나라에 무기를 수출하거나 군사 원조를 자청하고 나섰다. 우리는 단지 냉혹하고 단기적이고 직접적인 이익 때문에 이 나라들과 교류할 뿐이다.

단기적인 이익의 가장 분명한 예는 우리가 남아프리카공화국에 무기를 판매한 일이다. 우리는 이 지구상에서 가장 인종차별이 심한 국가에 무기를 판매했으며, 그것도 전 세계적인 항의를 무시하면서까지 감행했다.

1963년 8월 7일과 같은 해 12월 4일 유엔은 회원국들에게 남아프리카에 더 이상 무기를 판매하지 말 것을 요청하는 '엄중한 요구'라는 청원서를 제출했다. 그러나 미국 정부는 유용한 동맹국을 버리려 하지 않았다. 또한 미국 기업들이 선호하는 무역 상대국을 잃지 않기를 바랐다. 그래서 미국은 유엔의 청원을 무시하기로 결정했다. 미 국방부에 따르면, 1962년부터 1968년까지 미국 기업들은 남아프리카공화국에 2천5백만 달러어치의 군수물품을 판매했다. 미 국방부에 따르면, 1969년에는 남아프리카공화국이 아프리카 대륙에서 두 번째로 큰 미국 무기 수입국이었다. 이 나라의 매력 가운데 하나는 우리의 총포 대금을 금으로 지불할 수 있었다는 것이다. 또 다른 매력은 당시 전체 우라늄의 16퍼센트가 남아프리카공화국에서 생산되었다는 것이다.[24]

미국 정부는 유엔이 무기 판매를 강력히 금지하지 않았다는 이유를 들어 무기 수출을 변호했다. 유엔이 단지 엄중한 청원만을 했다는 것이다. 아마도 현 정부는 이제 더는 남아프리카공화국에 무기를 판매하지 않는다고 주장할 것이다. 이 말이 사실인지 아닌지 우리가 알 방법은 없다. CIA는 미국의 이익을 위해서라면 무엇이든 계속 할 작정이라고 공공연히 밝혔기 때문이다. 그러나 현재는 판매를 안 한다 해도 우리가 이미 저지른 피해를 돌이키기에는 너무 늦었다. 내수 판매품인 자동차는 안전하지 않으면 리콜할 수 있는 반면, 공습기와 자동소총, 로켓 발사장치 등은 리콜할 수 없다.

지난 10년 동안 우리가 남아프리카공화국에 판매한 무기는 현재 백인이 흑인 반군을 진압하는 데 사용되고 있다. 교사는 학생들에게 《뉴욕 타임스》를 위시하여 여러 주요 신문에 난 해외특파원 보도 기사를 읽어줄 수 있다. 《더 타임스》 같은 신문을 읽어주었다고 교육부에서 교사를 파면할 수 있겠는가?

남아프리카공화국 정부가 신생독립국 앙골라를 침략한 1978년에도 같은 무기가 사용되었다. 남아프리카공화국의 대대적인 무장 침략은 쿠바 정부가 백인 인종주의 정부의 침략에 맞서 앙골라를 지키기 위해 수만의 군대를 파견하는 도덕적, 정치적 구실이 되었다.

아프리카의 해방에 대한 미국의 정책이 재검토되기 시작하던 무렵, 우리는 우리 자신이 흑인 아프리카 지도자들 사이에 상당한 혐오의 대상이 되어버렸다는 사실을 깨닫게 되었다. 그들의 적이 가진 무기가 오하이오, 오리곤, 텍사스, 코네티컷 등에서 제조된 'made in the USA'였기 때문이다. 제3세계 사람들의 눈에 우리는 근래의 역사에서 가장 꼴사나운 두어 정부들 중 하나와 동맹을 맺고 있는 것으로 비춰졌던 것이다. 오늘날 미국 언론은 쿠바를 악마처럼 묘사하고 있지만, 미국 정부 역시 아프리카 전역에서 악마로 묘사되고 있다. 미국의 특정 기업 소유주와 남아프리카공화국의 잔인한 백인 정부 이외에 누가 이런 거래에서 이익을 얻을 수 있단 말인가?

• 덧붙이는 말

우리 학생들을 비롯한 많은 미국인들은 세계가 얼마나 빨리 변하고 있는지 아직 잘 모른다. 교과서와 TV가 못하고 있는 일을 조만간 우리 교사들이 해야 한다.

미국 시민들은 이제 더는 양심을 애국적 기치 아래에 두지 않을 것이다. 교사는 교육위원회나 학부모회의 압력에 굴복하여 미국 시민의 삶을 40억 인류의 삶보다 우위에 두지 않을 것이다. 여하튼 이런 구분은 무의미하다. 이 시대에 국기와 애국적 구호는 핵전쟁의 악몽에서 우리를 구해주지 못할 것이다. 초강대국 미국의 눈먼 애국자들이건 눈을 크게 뜨고 해를 올려다볼 전 세계 수십억 사람들이건, 핵폭발이라는 대참사 앞에서는 그 누구도 살아남지 못할 것이다.

히로시마 원폭 투하와 수소탄과 중성자탄 개발 이후, 국기에 대한 맹세는 정신병자들의 복창이 되고 미국 국가는 미친 자들의 노래가 되었다. 우리는 우리 아이들을 이런 미친 자들로 길러내기 위해 고용된 것이 아니다.

이것이 이 장에서 내가 역설한 주장들의 또 하나의 근거이다. 이 장에서 나는 우리 학생들을 정직하고 책임 있는 애국자로 길러야 한다고 주장했다. 세계의 실상을 처음으로 보고 나서 무너져버릴지도 모를 허약한 가짜 애국자의 위험에 대해서도 경고했다. 우리에게 경제적 능력이 있기 때문이 아니라 우리 국민의 품격이 그럴 만하기 때문에 세계적인 우정을 얻을 수 있어야 한다고도 주장했다. 이 모든 것들을 다루려면 교사로서의 생존 문제를 생각하지 않을 수 없다. 물론 교사가 자신의 견해를 허심탄회하게 이야기하고 지역주민이나 동료 교사의 비판에 맞서 스스로를 변호할 수 있도록 탄약도 충분히 넣었다.

이것은 양심적인 교사라면 다른 선택의 여지가 없는 근본적인 문제이다.

1 5

누가 우리에게 지금은
저항할 시기가 아니라고 하는가?

오늘날 미국에는 위험한 시류를 따르는 사람들이 늘어가고 있다. 이 시류는 6, 7년 전에 시작되어 오늘날 더욱 기승을 부리고 있다.

이 책 전체에 걸쳐 이야기된 사회적 부당함에 맞서 싸우는 사회적 저항과 능동적 투쟁은 어떤 특정한 상황이나 특정 시기에만 받아들여질 수 있다는 생각, 특히 신문이나 TV가 사회적 행동의 시기라고 지정한 해(시기, 시대)에만 허용된다는 생각이 바로 그것이다.

1960년대는 우리이 저항과 저항의 다양한 가시적 행위가 허용된 시기이다. 운동을 이끄는 걸출한 흑인 지도자들이 있었기에 허용되었고, 투쟁 시위가 TV에는 흥미로운 볼거리를 제공하고 신문과 잡지에는 연재 기사를 제공했으니 허용되었고, 특히 (이것이 가장 암묵적인 이유인데) "그 시기에는 다들 그랬으니" 괜찮다는 것이다. 그때는, 그 시기에는, 그 10년 동안은 괜찮았지만 지금은 아니라는 말이다.

내가 고민하는 문제와 그 해결책에 관해 글을 쓰거나 이야기할 때 나는 종종 비판적인 논평을 듣곤 한다. "놀랍다. 그는 아직도 1965년에 살고 있는 것 같다."

나는 우리가 아직도 1965년에 살고 있다고 생각하지 않는다.

나는 우리가 1980년대 살고 있다는 것을 분명히 알고 있다.

나는 도덕적이거나 도덕과는 상관없는 목적을 거론하기에 적절한 시기가 뉴욕의 고층 펜트하우스에 있는 누군가에 의해, 또는 미국 어느 지역의 신문사에 있는 누군가에 의해 결정된다는 통념을 받아들일 수 없다.

1980년대의 도덕적 분위기는 경제적 탐욕과 절망이 얼키설키 뒤얽힌 형태가 될 것이라고 공표해놓고 그 속에서 현재 잘사는(혹은 잘살지도 못하는) 자들에게 허락을 구하는 일 따위 없이, 우리는 사회 변혁—이 책에서는 공립학교를 개혁—에 대한 글을 쓸 것이다.

우리는 마음 깊은 곳에서 가슴 뭉클한 감동과 연민과 통증으로 그렇게 해야겠다고 느낄 때 글을 쓰고 저항하고 싸울 것이다. 많은 교사들도 나와 같은 생각을 갖고 있다. 우리는 향수를 자아내는 영화나 조깅화, 테니스 장비, 심지어 정의까지 돈을 받고 팔아치우는 사람들에게 교묘히 조종당하지 않을 것이다.

그들은 아마 십 년 주기로 통제하고 조종하려 들 것이다. 그렇다면 또한 그들은, 순수한 의도에서건 사악한 의도에서건, 매년 그 해에 알맞은 행동까지 지정해주려고 할 것이다. 올해는 무기력을, 내년에는 정의를, 내후년에는 탐욕과 자기도취의 롤러코스터를 타라고 말이다.

우리는 어느 시기에 어떤 것을 지정하여 저항하기로 동의한 적이 없었다. 우리는 우리 자신이 그래야 한다고 느낄 때 이 문제들에 대해—투쟁과 명령과 열정 등에 대해—이야기할 것이다.

거짓말

아이들에게 거짓을 말하는 것은 잘못이라네

허위를 진실인 양 말하는 것도 잘못이지

아이들에게 천국에 하느님이 계시고

이 세상이 잘 굴러간다고 말하는 것도 잘못이야

아이들은 자네가 무엇을 말하려는지 안다네. 아이들도 인간이거든

아이들에게 숱한 어려움에 대해 말해주게

앞으로 일어날 일만이 아니라 지금 일어나고 있는 일도

분명히 보게 해줘야 하네

살면서 맞닥뜨리게 될 장애와 난관에 대해 말해주게

마주치게 될 슬픔과 고통에 대해 말해주게

지옥 같은 일을 겪게 될지도 모른다는 것도 알려주게

행복의 대가를 아는 자만이 행복할 수 있지 않은가

잘못을 알면서도 용서해서는 안 되네

그냥 두면 반복되고 늘어나

나중에 우리 학생들은

우리가 용서했다는 것을 용서하지 않을 테니까

예브게니 옙투셴코Yevgeny Yevtushenko[25]

1) 도리스 레싱의 글은《황금 노트북The Golden Notebook》에서 인용한 것이다. 밴텀 사 판본의 저자 서문(New York: Bantam Books, 1973) 을 참조할 것.

2) 애리조나 주 교육부 인용문은 1972년 9월 21일에 애리조나 주 교육부 가 채택한 〈Preamble to U. S. Course of Study〉에서 발췌한 것이다. 이 문건은 이제 더 이상 열람할 수 없다. 부교육감 토머스 르노 박사에 따르면 이 문건은 1976년에 수정본으로 교체되었다고 한다. 미국 공립 학교의 특징적인 목표와 지침을 더욱 충실하게 반영하고 있는 것은, 아 쉽게도 지금은 볼 수 없는 이전 판본이다.

3) 매사추세츠 주의 교육가 호러스 맨의 인용문은 Lawrence A. Cremin 이 편집한《The Republic and the School: Horace Mann on the Education of Free Men》(New York: Teachers College Press, Columbia University, 1957)에서 발췌한 것이다. 더 쉽게 구할 수 있 는 책인 Colin Greer의 《The Great School Legend》(New York: Basic Books, Inc., 1972) 75쪽에도 이 인용문이 수록되어 있다.

4) 감상주의자들과 맹목적 애국주의자들은 전 대통령을 나쁘게 보는 걸 못마땅하게 여겨, 전체 문맥을 무시한 채 일부만 인용함으로써 저자의 진의를 왜곡했다고 비판한다. 그러므로 교사와 필자는 인용문을 채택 할 때 그 진술이 화자/저자의 신념을 대변하는 것인지 더더욱 주의를

기울여야 한다. 윌슨의 경우, 조금만 조사해봐도 곤혹스럽게도 그의 귀족적이고 계층 옹호적 견해가 드러나는 자료를 속속 발견하게 된다. 윌슨은 1909년 매사추세츠 주 케임브리지에서 연설할 때 이렇게 말했다. "분명코 이 나라의 민중에게 수공업 기술을 가르치고 실제로 활용 가능한 기술을 연마시키는 교육은 필수불가결합니다. 기술 훈련 학교는 바람직할 뿐 아니라 꼭 필요하며, 국가가 시행하는 교육은 대부분 그런 종류의 교육이어야 합니다. 왜냐하면 그런 교육이야말로 보편적으로 필요한 것이기 때문입니다. 다시 말해 대다수 민중들에게 필요하다는 뜻입니다. 하지만 거기서 그칠 수 없습니다. 그런 교육과 기술 훈련이 아닌 오로지 정신의 성장을 목표로 하는 교육을 혼동하여 같은 선상에 놓고 경쟁시키거나 대비해서는 안 됩니다. (……) 그러므로 우리는 프린스턴 대학의 고조되는 지적 활기에 대해 가슴 가득 희망을 품을 만하다고 생각합니다. 이 세상에 영광스런 일이 참으로 많지만, 나는 그중에서도 프린스턴 대학에 오는 것을 으뜸으로 여깁니다. 대학의 가장 큰 영광은 국가가 다다를 수 있는 최고의 야망, 즉 세대가 변해도 퇴색되지 않고 영구히 국민들을 고양시키는 이상을 실현시킬 지도자를 양성하는 것입니다. 우리나라와 같은 국가에서 어떻게 사람들이 교육이 정치의 한 분야라는 것을 감지하지 못하는지 모르겠습니다. 그것은 위대한 국가가 자국의 에너지를 최대한 활용하고 부단히 향상하여 세대에서 세대로 발전할 수 있는 전반적인 활동의 한 분야입니다. (……) 어떤 사람도 당대에 혼자 힘으로 저절로 무언가를 이뤄낼 수는 없습니다. 동료들의 협조를 끌어내고 지휘해야 합니다. 현대 산업계의 모든 분야에는 현대적인 정치적 수완이 조금은 필요합니다. (……) 그것은 마치 세계의 권력이 체계적으로 편성되어 있어, 산업계의 지휘자들이 일반 사병의 대열에서 전진하여 인류의 힘을 통솔하는 장군이 되는 것과 비슷합니다." August Heckscher가 편집한 《우드로 윌슨의 정치학The Politics of Woodrow Wilson》(New York: Harper and Row, 1956), 138, 142, 143쪽 참조.

5) 토머스 제퍼슨은 1787년에 보낸 편지에서 이 문장을 처음 썼다. 여기서는 Saul K. Padover가 편집한 《Democracy》(New York: Green wood Press, 1969), 259쪽에서 인용했다.

6) 윌리엄 로이드 개리슨의 이 말은 하워드 진의 《The Politics of History》(Boston: Beacon Press, 1970), 147쪽에서 인용한 것이다.

7) 이 말은 《월든Walden》에서 인용한 것이다. 《월든》 및 《시민 불복종 의무에 관하여One the Duty of Civil Disobedience》(New York: Holt, Rinehart and Winston, Inc., 1948), 270~271쪽 참조.

8) 마틴 루터 킹 목사의 〈버밍엄 감옥에서 쓴 편지Letter from Birmingham Jail〉는 Staughton Lynd가 편집한 《Nonviolence in America》(Indianapolis: The Bobbs Merrill Company, Inc., 1966), 474쪽에 재수록되었다.

9) 복종에 관한 인용문은 1962년 11월 11일자 〈Curriculum Guide in Character Education〉에서 인용한 것이다. 《이른 나이의 죽음Death at an Early Age》(Bantam Books: New York, 1968), 180쪽 참조.

10) 전미교육협회 편람은 《Discipline in the Classroom》(전미교육협회, 1969)라는 제목으로 되어 있다, 39쪽. 《교실에서의 버릇없는 행동 통제하기Controlling Classroom Misbehavior》(전미교육협회, 1973) 참조.

11) 여기 인용된 헬렌 켈러에 관한 글은 공립학교 표준 교과서에 수록된 전기문의 일부다.

12) 헬렌 켈러가 1913년에 쓴 〈New Vision for the Blind〉라는 제목
의 에세이에서 인용한 것이다. Philip S. Foner가 쓴《Helen Keller:
Her Socialist Years》(New York: International Publishers, 1967),
55~56쪽 참조.

13) 선거에 관해 헬렌 켈러가 쓴 이 인용문은《Helen Keller: Her
Socialist Years》31쪽에서 찾을 수 있다.

14) 마틴 루터 킹 목사의 이 말은 Richard J. Neuhaus와 Peter L. Berger
의《Movement and Revolution》(New York: Doubleday and
Company, Inc., 1970), 97쪽에서 인용한 것이다.

15) 존 에드거 후버가 킹 목사를 공갈 협박했다는 기사는 1975년 9월 3일
자《보스턴 글로브》에 실렸다.

16) 마틴 루터 킹 목사의 이 말은 J. A. Rossen이 편집한《The Little Red,
White and Blue Book》(New York: Grove Press, 1969), 42쪽에
서 인용한 문장을 바꿔 표현한 것이다.

17) 이 장(章)에 나오는 헨리 데이비드 소로의 글은 전부《시민 불복종 의
무에 관하여》에서 인용한 것이다.《월든》과《시민 불복종 의무에 관
하여》284~285쪽 참조.

18) 에이브러햄 링컨이 1858년 일리노이 남부에서 연설한 말에서 인용한
것이다. 이 연설문과, 링컨에 관한 기타 주해 자료는《The Politics of
History》148쪽 참조.

19) 〈가족 교육 권리 및 사생활 보호에 관한 조항Family Education Rights
and Privacy Act〉(또는 이 법 조항의 수석 발기인인 뉴욕 주의 제임
스 버클리 상원의원의 이름을 따서 '버클리 수정조항'이라고도 부름)
이 통과된 1974년 이후, 학부모와 학생은 '학교 기록부'를 열람하고 검

사할 법적 접근권을 갖게 되었다. '학교 기록부'란 "(a) 학생과 직접적인 관련이 있는 정보가 포함된, 그리고 (b) 교육기관이나 이를 대행하는 개인에 의해 유지 관리되는 기록, 파일, 문서, 그리고 기타 자료"로 정의된다. 넓은 의미에서는 "친필, 인쇄물, 테이프, 마이크로필름, 마이크로피시 등을 포함하지만 여기에 제한하지 않고 모든 매체로 기록된 모든 정보와 데이터"를 포함하는 것으로 정의된다. 학생이나 학부모가 열람할 수 있는 것에 대해서는 몇몇 예외가 있으나, 이 예외가 적용되는 경우는 아주 드물기 때문에 중요한 모든 기록에 대한 접근권에 실질적인 제한이 있다고 보기는 어렵다. 본문에서도 언급했듯이, 간혹 학교에서 학부모가 모르는 제2의 기록부를 작성하는 경우가 있지만 1974년 법령에 따르면 학교는 보유하는 "모든 종류의" 기록에 대해 학부모에게 알려줘야 한다. 버클리 수정조항에서 인용된 자료 및 추가 내용(제한 조건에 관한 세부사항을 포함한)을 찾아보고 싶으면《교육불평등Inequality in Education》22권을 참고할 것. 1977년 7월 하버드 대학 로 앤 에듀케이션 센터 발행.

20) 학교에서 국기에 대한 맹세를 거부할 권리를 인정하는 법정 소송은 1943년 웨스트버지니아에서 일어났다. 웨스트버지니아 주 교육부 vs. 바네트 사이에 벌어진 이 획기적 소송사건에서 "공립학교 학생들에게 국기에 대한 경례와 맹세를 강요하는 주 교육부의 행위는 미국헌법 수정조항 제1조와 제14조를 위반한다"고 판결되었다(319 U. S. 624 p. 642). 이외에도 해밀턴 vs. 대학지도부 판례(293 U. S. 245), 1970년의 뱅크스 vs. 플로리다 주 데이드 카운티 교육부 판례(314, Federal Supplement, 285), 1973년의 괴츠 vs. 안셀 판례(477, F 2nd, 636) 등이 있다. 국기에 대한 맹세를 거부하고 법정에서 정당성을 입증 받

은 학생에 대한 이야기를 읽고 싶으면 1970년 11월 18일자 《보스턴 글로브》의 기사 〈Girl's Flag Carrying Called 'Illegal,' 'Bizarre'〉를 참조할 것. 교사가 국기에 대한 맹세 암송을 거부한 사건은 1974년 2월 18일자 《뉴욕 타임스》의 탁월한 기사 〈A Teacher's Right to Shun the Flag Pledge〉를 참조.

21) 라틴아메리카에 있는 미국의 오랜 우방국들에 대한 정보를 더 읽으려면 John Gerassi의 《The Great Fear in Latin America》(New York: Macmillan Company, 1963)를 참조할 것. 더 최근의 정보는 James Petras의 《Politics and Social Structure in Latin America》(New York: Monthly Review Press, 1970)와 Gary C. Wynia의 《The Politics of Latin American Development》(New York: Cambridge University Press, 1978)를 참조할 것.

22) 워싱턴 DC 연방의회 정보국에서 발행한 《The American Statistical Index for 1980》에 따르면, 미국과 무기 판매 계약을 맺은 93개국 목록은 1979년 판 《Foreign Military Sales and Military Assistance Figures》에 나와 있다.

23) 존 밀턴의 이 글은 《The Areopagitica》에서 인용한 것이다. Ernest Sirluck이 편집한 《존 밀턴 산문 전집 The Complete Prose of John Milton》 2권(Connecticut: Yale University Press, 1959) 561쪽을 참조할 것.

24) 남아프리카공화국에 대한 통계 및 증거 자료는 1970년 1월 25일자 《보스턴 글로브》에 보도된 기사에서 인용했다. Darius Jhalaba가 쓴 기사 〈유엔 수출통상 금지 청원에도 불구하고 나날이 쌓여가는 남아프리카공화국의 무기고 South Africa's arsenal grows, despite UN

embargo plea〉를 참조할 것.

25) 예브게니 옙투셴코Yevgeny Yevtushenko의 시 〈거짓말Lies〉은 Robin
Milner-Gulland가 번역한《옙투셴코 시선집Yevtushenko: Selected
Poems》(New York: E. P. Dutton and Company, Inc., 1962) 52쪽
에 나온다.

진실과 불복종의 교육

이계삼(교사)

후쿠시마 사태 이후에 우리에게 알려진 일본의 반핵운동가 중에 히라이 노리오平正憲夫라는 분이 있다. 배관 전문가로 원전에서 20년간 근무하면서 거듭된 내부 피폭으로 암을 얻게 되었고, 남은 짧은 생애를 반핵 운동에 투신한 분이다. 이 책을 읽으며 히라이 노리오가 죽음에 임박해서 남긴 편지에 등장하는 한 예화가 여러 번 떠올랐다. 그가 홋카이도에 있는 토마리 원전에 이웃한 쿄와쵸에서, 교원노조가 주최한 강연회에서 겪은 일이다. 강연 후에 질의 응답 시간을 가졌는데, 한 중학교 2학년 여학생이 울면서 이런 말을 했다는 것이다.

오늘밤 이 모임에 온 어른들은, 거짓말쟁이들이에요. 저는 그 얼굴을 보러 왔어요. …… 저는 토마리 원전 바로 근처에 있는 쿄와

쵸에 살면서, 24시간 피폭 당하고 있어요. 저도 여자예요. 적당한 나이가 되면 결혼도 하겠죠. 저, 아이를 낳아도 되는 건가요?

소녀의 이야기는 참가한 모든 어른들과 강연자의 가슴에 아프게 박혀왔다. 그 소녀가 다니는 학교 교사들도, 그의 담임교사도 그 자리에 와 있었던 것이다. 소녀는 계속 말을 이어나간다.

이제 와서 이런 집회를 왜 하는지 모르겠어요. 제가 어른이고 아이가 있다면, 목숨을 걸고 몸을 바쳐서라도 원전은 막았을 거예요. 이제는 두 번째 원전이 생겨서, 저는 지금까지의 두 배의 방사능을 맞고 있어요. …… 여자애들끼리는 일상적으로 그 이야기를 하고 있어요. 결혼도 못하고 아이도 낳을 수 없을 거라고.

노리오 씨가 "그런 고민을 엄마나 선생님께 말씀드려본 적 있니"라고 물었더니, "말씀드린 적 없다"고 했다. 소녀의 담임교사도, 다른 교사들도 학생들이 그런 고민을 하고 있는지는 전혀 몰랐다는 것이다.

내가 살고 있는 곳은 경남 양산의 고리 원자력발전소에서 60km 정도 떨어진 곳이다. 부끄럽지만, 후쿠시마 사태를 겪으면서야 원자력발전의 가공할 위험에 대해 알게 되었다. 히라이 노리오의 글을 읽으며, 특히 소녀의 저 절규가 깊이 남았다. 언젠가 우리도 저렇게 추궁당하는 날이 오리라고 생각했고, 그래서 딴에는 원전 문제에 관해 공부했고, 아이들에게 열심히 가르쳤다.

그러나 후쿠시마 사태를 이 정도로라도 받아들이는 교사도 별로 없어 보였다. 아직은 막연했을 것이고, 이 문제를 아이들에게 가르쳤을 때 다가올 여러 복잡한 상황들이 귀찮고 싫었던 것이리라. 기이하게도 후쿠시마 사태에 관해서는 전교조 차원에서 늘 해오던 '공동수업' 제안조차도 없었다. 그사이 학교행정망으로 원자력문화재단이나 교육과학기술부에서 수시로 공문을 보내왔다. 아이들에게 '원자력 안전'에 대해 홍보해달라고, 이 사태에서 우리나라에게는 별다른 위해가 없으니 안심시키라는 내용이었다. 실제로 상당수의 교사들이 아이들의 질문에 대해 '엑스레이, CT 찍는 것보다 해가 작다'는 식으로 답변했다고 한다. 원자력발전으로 가능하게 된 이 광란의 에너지 소비에 대해서도 별다른 문제제기가 이끌어지지 않았다. 그러니까 이 사태를 통해서 우리는 아무것도 배운 게 없는 것이다. 많은 부분 학교교육의 책임이다. 그리고 미래의 어느 순간, 우리는 저 소녀의 날카로운 절규 앞에서 마주 서게 되리라. "그때 당신은 무얼 했었나?"고 물을 것이다. "부끄럽지만, 그때는 몰랐다"고 말해도 책임을 피해 갈 수 없을 상황이 반드시 도래하리라.

학교의 모순과 허위 앞에서 솔직하자!

조너선 코졸의 《교사로 산다는 것》은 국내에 소개되는 그의 세 번째 저작이다. 처음 그의 약력을 보았을 때 판에 박힌 듯 드라마틱해서 좀 식상하기까지 했다. '하버드를 우등으로 졸업하고, 옥스퍼드에서 수학했던 전도유망한 백인 청년이 스스로 보스턴의 흑인 거주지역의 형편없는 초등학교 교사를 자원하고, 이로부터 40여 년간의 풍부한 현장 경험을 바탕으로 여러 권의 책을 써서 저명한 문필가가 됐고, 지금은 진보적인 교육운동가로 미국에서는 노엄 촘스키만큼의 명성을 얻고 있다'는 식이었다. 그러나 《젊은 교사들에게 보내는 편지》와 《야만적 불평등》을 읽고 나니 그에게 큰절이라도 하고 싶어졌다. 이들은 모두 미국 교육의 가장 큰 질곡, 인종분리와 빈곤 문제를 겨냥하고 있었고, 풍부한 현장 경험과 날카로운 관찰력이 어우러진 그야말로 기념비적인 저작이었다. 과문하지만, 한국에서 이런 정도의 문제의식과 깊이를 갖춘 책을 아직 만나보지 못했다.

《교사로 산다는 것》은 30년 전 출간된 그의 초기 저작이다. 학교 교육을 관통하는 보수 우익적 흐름 속에서 어떻게 아이들을 가르쳐야 하는지를 구체적으로 조목조목 다루고 있다. 1970년대 닉슨 이후의 반동적 기류가 미국을 휩쓸던 시기에 느낀 위기의식과 분노가 그로 하여금 이 책을 쓰도록 자극한 듯하다.

그는 교사들에게 우선 '솔직해지자'고 말한다. 학교란 위선과 기만으로 지탱되는 국가기관임을 솔직하게 인정해야 한다는 것이다. 미국에서 학교의 존재 목적이란 애리조나 주 교육위원회가 솔직하게 표현하듯, '이 나라가 문명 세계의 선망의 대상이자, 인류의 마지막 희망임을 깨닫게 하는 데' 있다는 것이다. 그리고 학교는 또한 '부자들이 자신을 보호하기 위해 가장 적은 경비로써 목적을 달성케 하는' 곳이라는 것이다.

지배자들이 가장 좋아하는 인간 유형, '낮은 사고력과 높은 애국심의 아이들'을 길러내기 위해서는 복잡한 전략회의가 필요하지 않다고 조너선 코졸은 지적한다. 그저 학교에 십수 년간 붙잡아놓고, 공부로써 경쟁시켜놓으면 십수 년 뒤에는 그들의 기대대로 '낮은 사고력과 쓸데없는 애국심'으로 치장한, 절대로 지배자에 맞서 단결하지 않는 이기적인 존재가 만들어져 나오는 것이다. 이 모든 학교의 위선과 기만을 아이들에게 솔직하게 털어놓자는 것이다. 그것이 진실이기 때문이다.

그는 '현 정권의 정치적 의도를 충족시키기 위해 교사를 하잘것없는 재능을 제공한 교과서 저자들의 앞잡이로 만드는' 교사용 지도서를 복사해서는 수업 자료로 아이들에게 공개하자고 제안한다. 교사용 지도서가 시키는 대로 흘러가게끔 짜여진, 교사 입장에서는 실로 '쪽팔리는' 각본을 까발리자는 것이다.

1인칭으로 존재하기, 중립적인 척 객관적인 척하지 말기

그는 교사 자신이 어떤 사람인지, 무엇을 신봉하는지를 정직하게 드러내자고 제안한다. 도둑질을 가르치고 폭력을 선동하는 것이 아니라면, 교사는 자신의 경험에 따라, 거짓 없이, 자기 생각을 드러낼 의무가 있기 때문이다. 그것이 교단에 로봇을 세우지 않고 사람을 세운 이유인 것이리라. 아이들 또한 '자신의 언어'로 표현하고 행동하도록 가르쳐야 하는 것이다. 왜냐하면, '자신이 일인칭으로 존재하고 살아가고 숨 쉬고 있다는 것을 모르는 자는, 외국의 민간인 마을에 폭탄과 네이팜탄 발사 버튼을 누르는 완벽한 일꾼이 될 것'이기 때문이다.

그는 여기서 몇 걸음 더 나아간다. 아이들에게 '제3의 입장을 찾아보자'느니, '극단을 경계하자'느니 따위 어설픈 소리를 하지 말자는 것이다. 중도에 가까울수록 진실하다는 사고방식, '양 극단'에는 늘 끔찍한 무언가가 있다는 식의 사고방식은 실은 이 체제를 유지시키려는 기득권자들이 전매특허로 유포해온 고약한 언술임은 어디든 다르지 않다. 우리의 경우에도, 1970년대 전태일이 그러했고, 조선말기 동학 농민군들과 일제 강점기 초기의 안중근과 유관순이 그러했듯, 갈지자로 걸어온 우리 역사가 이나마 진전할 수 있었던 것도 극단의 고통에 대한 이러한 개인들의 극단적 선택이 있었기 때문이다. '극단적 시련에 맞선 극단적 반응은 때로 인류의 고통에 대한 고결한 인간들의 유일하게 윤리적인 반응'이기도 했던 것이다. 교사들이 중립적인 척, 객관적인 척하면서 드러내는 완곡한 표현들은 인내와 절제의 상징이 아니라 문젯거리를 만들지 않고 그저 무난하게 이 상황을 넘어가려는, 무기력과 안일의 적극적인 표현일 뿐이다.

조너선 코졸은 교사들이 더 깊이 공부하여 양측 모두에 관련된 자료를 풍부하게 제시하고, 반대의견을 개진할 너그러운 분위기를 만들어놓을 수만 있다면, 자신이 믿고 따르는 견해를, 때로 극단적으로 비칠 수도 있는 견해를 솔직하게 표현하라고 권한다. 왜냐하면 그것이 진실이기 때문이다. 그리고, 가장 교육적인 교수방식이기 때문이다. '학생의 기억에 가장 오래 남는 수업은 공책에 필기한 내용도 아니고, 교과서에 인쇄된 궁색한 문장도 아니며, 수업하는 내내 교사의 눈빛에서 뿜어져 나오는 메시지'인 것이다.

역사를 어떻게 가르칠 것인가

우리나라에서도 어느 여학교에서든 봉건적 여성상을 상징하는 신사임당의 동상이 서 있듯이, 미국의 교과서에서 다루어지는 여성 영웅이란 이를테면 조지 워싱턴의 부인, 에이브러햄 링컨의 부인, 혹은 조지 워싱턴의 부탁으로 미국 국기를 제작한 재봉사 베치 로스 같은 이들이다. 그리고 체제에 위협이 될 만한 인물이나 그들의 행적은 철저하게 거세된다. 이를테면, 미국의 학교에서 헬렌 켈러는 '보는 법을 배웠다'고 가르치지만 '그가 무엇을 보았는지'에 대해서는 일절 가르치지 않는다. 그는 신실한 사회주의자이자, 세계의 비참과 미국의 불의에 맞서 일평생 싸웠던 투사였지만 이런 사실은 전혀 가르쳐지지 않는다. 헨리 데이비드 소로는 간디와 마틴 루터 킹에게 가장 큰 영향을 끼친 불복종 운동의 선구자이지만, 그는 오직 《월든》에서 뽑아낸 자연과 숲, 시냇물에 관한 영감어린 에세이의 작가로서만 가르쳐진다. 결국 헬렌 켈러와 소로의 진면목을 가르치는 것은 교사의 몫인 것이다. 물론 그는 공교육 학교 안에서는 어느 정도의 양보는 필요하다고 본다. 급진적 흑인해방 운동가인 말콤 X를 가르칠 수 없다면, 이 체제도 어느 정도 인정하는 마틴 루터 킹의 알려지지 않은 진면목을 가르치는 것이다. 미국의 빈곤과 애국주의에 맞서 일생토록 투쟁하고 실천한 아나키스트이자 가톨릭 노동운동의 지도자인 도로시 데이를 가르칠 수 없다면 대신 헬렌 켈러의 진면목을 가르치는 것이다.

모든 영웅적인 인물은 박제화된 존재가 아니라 살아 있는 한 인간으로 가르쳐야 한다고 조너선 코졸은 주장한다. 이를테면, 링컨의 노예해방선언은 실은 링컨 자신의 신념과는 어울리지 않는 것이었음을 가르쳐야 한다고 코졸은 주장한다. 그것이 링컨을 욕되게 하는 것이 아니라는 것이다. 링컨이 여러 차례 밝힌 그의 지독한 백인우월주의는 당시 백인들의 지배적인 사고방식이었으며, 인간적인 나약함과 허위의식 속에서도 '정직한 에이브'로 살고자 애썼던 그의 행적을 가르치는 것이야말로 링컨의 삶에 대한 진정한 존경의 표현이라고 코졸은 믿고 있는 것이다.

조너선 코졸은 아이들에게 직접 역사책을 쓰도록 가르친다. 오늘날 역사 교육이란, '보통사람은 느낄 수도 없고 살아낼 수 없는', 그저 왕조 교체의 연대기이자 전쟁의 기록일 뿐이기 때문이다. 대신 '자신의 입장'에서 직접 서술함으로써 역사적 사실들을 자기화된 해석으로 이끌어내자는 것이다. '아이들을 한쪽으로 치우치게 만든다'는 비판이 곧장 들어올 것이다. 그러면 학교에서 유통되는 모든 교재들과 텔레비전, 신문과 잡지를 가리키며 '저건 뭐냐'고 되물으면 될 것이라고 코졸은 말한다. 그러면 또 이런 비난이 들어올 것이다. '아이들에게 죄책감을 가르쳐서야 되겠느냐'고. 그러나 미국이 어떤 나라인가. 현대 세계에서 일어난 거의 모든 전쟁에 직·간접적으로 관련되었고, 제3세계의 독재와 비참에 큰 책임이 있는 나라가 아닌가. 이러한 미국의 역사를 제대로 가르쳤을 때 아이들에게 닥쳐올 죄책감은 또한 한 사람의 정직한 미국 시민으로서 거듭나기 위해 필수적인 과정이기도 한 것이다. 코졸은 '죄책감만이 건전한 반응일 수 있는 상황이 반드시 존재한다'고 말한다. 신경증적인 구속이 아니라 반성적 행위로 인도하는 죄책감, 그것은 한 존재를 윤리적이고 강인하게 성장시키는 한 계기인 것이다.

조너선 코졸이 제시하는 최종의 결론은 '행동'이다. 아주 작은 일이라도 행동하기 시작한다면 부적절한 자책감에 시달려야 할 이유는 사라지는 것이다. 그러므로 코졸은 이런 거대한 문제에 맞선 '작은 행동'을 안내하고 먼저 시범을 보이는 것 또한 교사의 중요한 역할이라고 말한다.

체제 안에서 '불복종'으로 버텨나가기

확실히 교사들은 '아니오'라고 말하는 것을 두려워한다. 그러나 두려움이야말로 이러한 악마적인 체제를 유지시키는 바탕이 되는 것이다. 그는 베트남전에서 미군에 의해 자행된 이른바 '밀라이 학살'을 집행한 군인들, '워터게이트 사건'에서 도청을 자행한 자들의 법정 진술과 '묵인과 복종, 긍정적 생각을 찬양하는' 교과서의 서술들을 좌우에 놓고 비교해보라고 권한다. 놀랍도록 유사한 표현들이 발견될 것이다. '나는 명령에 순종했을 뿐이며, 그것이 국가를 위하는 길이라 믿었다'는 식이다. 결국 이 모든 재앙적 사태의 배후에서 작동하는 '묵인과 복종', '애국심' 따위 무뇌아적 정서는 학교교육이 가르친 것이다.

그가 불복종을 추구하는 것은, 불복종이야말로 진실을 추구하는 유일한 길이기 때문이다. 그는 진실을 추구하는 교사라면 국기에 대한 맹세를 거부해야 한다고 주장한다. 코졸은 이것이 결코 '작은 일'이 아니며, 학교교육의 허위와 위선이 투영된 상징적인 의식으로 본다. 조너선 코졸은 묻는다. '과연 우리는 하나인가, 누가 우리를 하나라고 믿게 만드는 것인가'라고. 과연 그렇다. 한진중공업 조남호 회장과 내가 어째서 같은 대한민국 국민인가. 코졸이 날카롭게 지적하듯 우리는 분리될 수 없는 하나의 국가에 살고 있지 않다. 자유와 정의는 모두에게 공평하게 적용될 수 없다. 그러므로 하나가 되자고, 자랑스러운 이 나라의 애국자로 살아가자고 부추기는 일체의 맹세는 허위이다. 차라리 '갈가리 찢긴 이 나라를 살 만한 곳으로 만들기 위해 싸우겠다'고 맹세하는 것이 진실에 가깝지 않을까.

애국자는 누구인가. '세계 최고', '하나 된 우리' 따위 허위의식에 결박된 가련한 좀비가 아니다. 자신의 눈으로 판단하고, 자신의 언어로 세계를 설명할 줄 아는, 불의 앞에서는 '아니오'라고 말할 수 있는 용기를 갖춘 사람이 애국자이다. 코졸의 표현을 빌자면, '이 나라의 모든 선행과 악행을 견뎌낼 준비가 되어 있'으며, '악을 근절하고 선을 강화하는 일에 열성적인' 사람이다.

이 지점에서 조너선 코졸과 다른 비판적 교육학자들은 갈라진다. 많은 경우, 그들은 근대 교육의 근원적 불모성을 지적하면서 체제의 바깥에서 새로운 질서를 구상하려 하였다. 그러나 조너선 코졸은 바로 '지금 여기, 바로 이곳에서' 저항이 시작되어야 한다고 말한다.

생각해보면 억울한 일이 아닐 수 없다. 공교육을 지탱하는 물적 근거는 민중의 세금이다. 그러나 민중의 자녀들은 의무교육의 장으로 끌려 나와 배움의 기쁨을 오히려 빼앗기고, 이기심과 복종과 묵인이 골수에 박힌 '비전 없는' 존재로 빚어진다. 그리고 절대 다수는 학교 교육을 통해 '사회적 실패자'로 확정되어지고 만다. 이에 대한 코졸의 메시지는 간명하다. 정직한 한 인간으로 존재하자는 것, 할 수 있는 한 불복종하고 힘을 모아 싸우자는 것이다. '분노하고 비난할 수 있는 용기야말로 공립학교에서 우리의 권한으로 아이들에게 전달할 수 있는 가장 중요하면서도 유일한 교훈'이라는 것이다.

우리는 무엇을 할 것인가

이 대목에서 우리는 이 땅으로 되돌아온다. 지금 한국 사회는 조너선 코졸이 절망했던 1980년대의 미국 사회 이상으로 전체주의적 질서가 굳건하다. 오늘날 한국 교육은 청와대와 보수 언론, 그리고 전경련이 이끌어가고 있다. 민중의 세금으로 지탱하는 공교육에 돈 한 푼 대지 않은 자들이 이 교육을 쥐락펴락하고 있다. 교육 현장에서 저들의 의지대로 되지 않는 일은 없다.

조녀선 코졸이 이 책을 통해서 우리에게 던지는 조언을 따르기 위해 필요한 것은 용기일 뿐이다. 그러나 용기는 실존적 결단만으로는 가능하지 않다. 용기는 가녀린 것이며, 쉽게 휘발된다. 헨리 데이비드 소로는 불복종의 탁월한 한 전범을 보여주었다. 그의 행동은 단 하루의 감옥 체험으로써 완결될 수 있었다. 그러나 교사는 학교에서 평생을 버텨내야 한다. 결국 공동체를 생각하지 않을 수 없다. 어깨 걸고 다독여가며 나아가도록 도와주는 공동체. 그러나 전교조를 포함하여 교사 집단 속에 존재하는 저항과 연대의 공동체는 거의 괴멸되어가는 상태다. 전교조는 날로 늙고 지쳐가고 있다. 교사 집단은 안락주의와 중산층의 계층성에 깊이 함몰되어 있다. 새롭게 교단으로 진입하는 신규 교사들은 살인적인 경쟁을 뚫어낸 '시험의 백전노장'들로 채워진다. 그들에게서 독립적 지성인으로서의 자질과 사회적 양심을 기대하는 것은 난망한 일이다. 조녀선 코졸이 이 책에서 열정적으로 이야기한 상식적인 주장들은 '주어진 현실을 지나치게 넘어서는, 예언자의 외로운 비전'으로 자리매김될 가능성이 높다.

조녀선 코졸의 이 책이 주의 깊게 읽혀져야 할 이유는 무엇인가. '그럼에도 불구하고' 결코 놓아서는 안 될 것이 있기 때문이다. 이 책 맨 끝에 인용된 예브게니 옙투셴코의 시 일부를 소개한다.

잘못을 알면서도 용서해서는 안 되네

그냥 두면 반복되고 늘어나

나중에 우리 학생들은

우리가 용서했다는 것을 용서하지 않을 테니까

이 글 들머리에서 인용한 홋카이도 소녀의 날카로운 외침은 바로 지금 이 땅의 교사들에게 던져지는 것이기도 하다. 가르치지 않은 것이, 굴종과 침묵이 곧 죄악이 되어버리는 것이 바로 이 교육의 장인 것이다.

무언가 잘못되어 있다고, 교사로서 이렇게 살아가는 것은 옳지 않다고 한탄하는 이들이 이 책을 읽기를 권한다. 그리고 느낀 만큼 공부하고 행동하기를 권한다. 그렇게 한 걸음씩 전진하면 되는 것이다. 한탄은 무의미하다.

2011년 8월

밀양에서